JN011285

事例から学ぶ × これならできる！

DX
税理士事務所

月刊「税理」編集局 編

ぎょうせい

はじめに

　ＤＸ（デジタルトランスフォーメーション）という言葉がいま、さまざまな業界に浸透しつつある。ＤＸとは、一般的には「進化したＩＣＴ技術を社会全般に浸透させることで、人々の生活をより良いものへと変革させること」である。さらに、経済産業省が公表した「ＤＸ推進ガイドライン」によれば、「企業がビジネス環境の激しい変化に対応し、データとデジタル技術を活用して、顧客や社会のニーズを基に、製品やサービス、ビジネスモデルを変革するとともに、業務そのものや、組織、プロセス、企業文化・風土を変革し、競争上の優位性を確立すること」と定義されている。

　一方、巷間では「ＤＸによって、おそらくこの５年で世界の様相は一変するだろう」との声が聞かれ、税理士事務所とてこのような流れを見て見ぬふりをするわけにはいかない。否、ＩＣＴ化が進んでいる税理士事務所だからこそ、大いにＤＸを取り入れ、新しい価値の創出に勇躍すべきだろう。

　ただし、ＤＸを取り入れるといっても、具体的に何をどうすれば良いのか、皆目見当がつかないという事務所もあることだろう。「ＤＸとは、単にアナログの手続をデジタルに置き換えれば良いというものではない」などと、もっともらしいことを耳にするにつけ、二の足を踏まざるを得ないのも無理もない。

　そこで、本書では、北は北海道から南は九州まで、ＤＸに既に取り組んでいる10の税理士事務所を選び、その取組みの様子や導入の仕方等をできるだけ詳しく紹介することを試みた。理論的な内容を主とするよりも、「百聞は一見にしかず」で実例から学びとって

もらうほうが得るものが多く、かつ、深いだろうと考えた次第である。しかも、紹介する 10 の税理士事務所は、いわゆる「ひとり事務所」から、数名の従業員から成る平均的な事務所、さらに中規模・大規模事務所と幅広く、読者の実情に合った実例が必ずや見つかることだろう。また、これら 10 の事例の前後には、中小企業のＤＸ化を日々研究する中小企業ＤＸ推進研究会による本質をついた知見を概説と展望という形で掲載している。ぜひこれらを一つの指針として、最適の実例を見つけ出し、実際にＤＸに取り組む事務所が現れれば、これに勝る喜びはない。

　なお、本書は、月刊「税理」令和 3（2021）年 6 月号の特集を基に、新たに 3 事例を加え、全体を再構成し直し、加筆修正したうえで発刊するものであることをご了承願いたい。

　最後に、本書を発刊することができたのは、ご執筆にご協力くださった 10 の税理士事務所と中小企業 DX 推進研究会のおかげである。

　この場を借りて改めて御礼を申し上げ、はじめの言葉としたい。

　　令和 3（2021）年 8 月

　　　　　　　　　　　　　　　月刊「税理」編集局

目　次

第 1 章
概説 DX税理士事務所　**1**

DX で変わる税理士事務所とその方向性
／中小企業 DX 推進研究会…… **2**

第2章
ひとりからのDX　11

第3章

漸進する DX　6 3

第4章
経営に生かす DX　`101`

第5章

展望 DX 税理士事務所　151

第 1 章

概説
DX 税理士事務所

DXで変わる税理士事務所と
その方向性

中小企業 DX 推進研究会

❖**Point**❖ //

❶ 税理士事務所の現状のビジネスモデルには避けることが難しい
　 リスクが存在する。
❷ DX の推進は，手近なところのデジタル化から始め，まずは業
　 務全体の最適化を目指すところに向かって取り組む。
❸ 顧客視点を持つことで顧客へのサービスにデジタルを取り込
　 み，新しい価値提案ができる。
❹ DX 推進には中長期的な視点でビジョンを描き，事務所独自の
　 スタイルでその実現を目指すべきである。

Ⅰ　DX の概要

　令和3（2021）年度の税制改正大綱に「デジタルトランスフォー
メーション（DX）投資促進税制」が盛り込まれ，税理士業界とし
ても注目度が非常に高まっている昨今だが，「DX」という言葉につ
いて明確なイメージを語ることのできる税理士はまだまだ少ないの
ではないかと感じている。
　社内の IT 化＝ DX という誤解も多く，クラウドシステムや RPA
の導入をしたことで，「うちは DX に成功している事務所だ」と声
高らかに語る税理士も珍しくない。そもそも，「DX」という言葉の
定義は曖昧であり，かつ，その成功イメージが共有されていないこ

とがその原因なのではないかと考える。

1　定　義

　DXは「ITが人々の生活をより良い方向へと変化させる」というような漠然とした概念の言葉であった。しかし，GAFAのような巨大IT企業の世界的進出が目立つようになった2010年代から，既存企業がこれらIT企業に対抗するための変化を促す意味でも「DX」が使用されるようになり始めたのだ。

　日本では平成30（2018）年に経済産業省が発表した「DX推進ガイドライン」で定義されたものが，一般的な概念となっており，①データ・デジタル技術の活用，②製品・サービス・ビジネスモデルの変革，③社内の組織・ビジネスプロセス・企業文化の変革，④競争上の優位性の確立，という要素を満たすことがDXとされている。

2　フレームワーク

　また，令和2（2020）年12月に経済産業省が発表した「DXレポート2（中間取りまとめ）」では，DXのフレームワークが示された。これによりDXの成功までの道筋が段階的に整理され，単なるシステム化であるデジタイゼーションと，ビジネスモデル変革を伴うDXとの違いが明確となったのだ。

　しかしながら，こうした理解は一般的にはなかなか浸透しておらず，それは税理士業界としても同じ状況といえるのではないだろうか。

Ⅱ　税理士事務所のビジネスモデル

　税理士事務所のDXを理解する前に，まずは既存の税理士事務所

のビジネスモデルを考えてみたい。

　税理士事務所の多くが主なビジネスとしているのは，法人税・所得税の申告業務であろう。これに付随して，記帳などを自社で行うことができない個人事業主に向けた記帳代行なども主要な業務といえる。もちろん，相続・贈与といった資産税業務や，中小企業支援を行う認定支援機関業務などもあるのだが，依然，ビジネスモデルの中心になるのは法人税・所得税に関する業務である事務所がほとんどである。しかしながら，このビジネスモデルは今後継続していくことが難しいといわれ続けているのだ。

1　デフレモデル

　その理由の一つに挙げられるのが，このビジネスモデルが始まって現在にかけて，一貫してデフレのビジネスモデルであるということである。税理士事務所はいまでこそ統合による大規模化が進んでいる業界であるが，もともとは個人事務所が数多く存在し，巨大なプレイヤーが少ない業界だ。独立開業した税理士は既存事務所との競合に勝つためにもっとも簡単な方法，すなわち，顧問料をより低額に設定し顧客を獲得するという手法を選択してきた。

　このため，顧問料の単価は年々低下する傾向にあり，これは今後も変わらないものと考えられる。

2　企業数の減少

　また，人口減少や市場の成熟により，企業数は今後20年で20％程度減少していくことが予想されている。企業自体が減れば当然，申告業務そのものも減少し，事務所収入は減少の影響を受けるだろう。そうなれば，事務所自体も減少する可能性があり，相対的な案件数は減少しなくとも，日ごろは新規拡大をせず，既存顧客からの紹介による営業を基本としてきた事務所にとっては，集客力

のある事務所に大きくシェアを奪われることになるかもしれない。

3 テクノロジーによる代替

　さらに，現在もっとも業界内で懸念されているのがテクノロジーによる業務の代替である。AI をはじめとした新しいテクノロジーは，いまの税理士事務所に見られるような労働集約型のビジネスモデルを根底から覆してしまう可能性を持っている。

　このようなテクノロジーは，通常，資本力の大きなプレイヤーからその恩恵を受けることになるので，これまで価格競争に参入していなかった中〜大規模事務所によっても，一気にシェアを奪われるということも起こりうるのであろう。

Ⅲ　税理士業務のデジタル化

　では，このような市場の変化に対して税理士の仕事はどのように変革を遂げるべきなのだろうか。

　まず，もっとも初めに手をつけなければならないのは，既存業務の改革だと私達は考えている。税理士の仕事については，元来個人で行っていた業務を，顧問先の増加とともに従業員を雇い入れ，業務の分散を図っていくという形をとって規模を拡大していくことがほとんどだろう。このようなモデルで拡大をした事務所は，従業員の増加と並行して生産性を落とし，ある一定の時点で成長が止まってしまうのだ。それは気づかぬうちに非効率な業務体制を継続しているために，間接業務や手待時間，重複作業などが多く発生していることによるものである。

　このような業務体制を続けている限り，目の前の業務に忙殺されてしまい身動きがとれず，顧客数を増やすこともできない状態へと陥ってしまう。当然，前述したような市場の変化に対応することは

できず，事業継続できなくなるというリスクが増大するのだ。このような状態にならないためにも，事務所の業務体制をしっかりと構築していくことがなによりも重要ではないだろうか。

1　ツールによるデジタイゼーション

手始めに取り組みたいのが，クラウドツール等による業務の効率化である。このレベルは既に多くの事務所が実践し，成果を上げている。チャットツールによる顧問先とのやり取りやクラウドストレージによる資料の授受などは，導入後直ちにその効果を実感することができるだろう。

クラウド以外では，RPA（Robotic Process Automation）なども業務効率化に与える影響は大きく，定型的なデータの切り貼りが多い税理士業務においてはピンポイントで業務を効率化する有効な手段となりうる。ただし，このようなツールの単体導入だけでは，個人の業務や一部署の「部分最適化」はできても事務所の「全体最適化」を行うことはできず，生産性の向上も限定的なものになってしまうのだ。

2　業務プロセス変革を伴うデジタライゼーション

生産性向上のためにもっとも重要なのは，「業務プロセスを再構築する」という視点である。また，そのプロセスは IT ツールを使用することを前提として設計することが重要なのだ。

ここで一つ例を挙げでみるとする。ある事務所では業務の生産性を向上させるためペーパーレス化を行うことにした。使用する IT ツールは業界内でのシェアも高く，操作性に優れており，すぐに利用を開始することがかなった。ところが，ペーパーレスで業務を行ったところで一向に生産性は向上しない。従業員に意見を聞いてみると「紙の資料をスキャンすることで手間が増えた」「紙の資料を画

面で見ることに慣れておらず，確認がしづらい」「データが個人管理されていてやり取りが面倒」という回答が返ってきた。生産性を向上させるはずが，その効果を感じられず，この事務所のペーパーレス化は失敗に終わってしまったのである。

　ではどこに問題があったのだろうか。その問題こそ業務プロセスの重要性を示すものとなる。IT ツールには利用をすればただちに効果を感じられるようなものもあれば，全体で意思統一をして運用ルールがないと正しく効果を享受できないものもある。また，業務のペーパーレス化のような改革を行う場合，ペーパーレスで業務が進むように新たなプロセスを再構築したうえで，その運用を徹底していかなければならない。

　これによって，部分的には生産性が落ちること（たとえば画面上でのチェックが紙に比べて行いづらい等）がたとえあったとしても，プロセス全体においては生産性が向上しているという全体最適化を行うことができるのだ。

Ⅳ　税理士事務所の DX 推進の意義

　さて，ここまで述べてきたような，業務のデジタル化＝デジタイゼーション・デジタライゼーションに取り組まれている事務所というのは，現在では珍しくない。しかし，DX はこのような取組みそのものとは視点を変えて考える必要があるのだ。

　業務効率化の視点だけでは経済産業省の DX 推進ガイドラインの①，③についての要素は満たしているものの，②「製品，サービス，ビジネスモデルの変革」には至っておらず，また，④「競争上の優位性の確立」も直接的には実現できていない。税理士事務所の DX を実現するためには，この延長線上とは別の視点も必要になるものだと考える。その視点とは顧客の視点，すなわち，顧問先となる企

業・個人事業主の視点であろう。

1　本来業務と高付加価値業務

　税理士事務所においての主要業務は紛れもなく税務会計，税務申告だ。税理士法の第1条にも「税理士は，税務に関する専門家として，独立した公正な立場において，申告納税制度の理念にそつて，納税義務者の信頼にこたえ，租税に関する法令に規定された納税義務の適正な実現を図ることを使命とする。」とあり，税の専門家としての業務がその使命とされている。

　ただし，前記したとおり，この税務に絡む業務はその価値は年々薄れてきている。法制度上，その重要性は全く変わってはいないものの「顧客」である顧問先の視点では，税理士に求める価値が変わってきていることは間違いないだろう。これは，中小企業を取り巻く環境が大きく変化し，これまでの経営手法だけでは太刀打ちできない状況となっていることが背景にあるといえる。

　平成24 (2012) 年から中小企業庁では「中小企業等経営強化法」における「経営革新等支援機関」として，商工会や金融機関とともに税理士を認定し中小企業の支援を行えるような制度を整備してきた。これは税理士に「税の専門家」だけでなく「経営の専門家」としての役割が求められはじめていることを示している事例でもあるのだ。税理士業界では，経営計画策定やコンサルティングなどの税務以外の業務を「高付加価値業務」と呼んでおり，まさにこのような業務こそ，今後の税理士にとって主要業務となっていく可能性が十分に考えられる。

2　新事業・サービス

　DX における新事業やサービスを検討するうえで，顧客の視点を意識することはとても重要なポイントである。しかしながら，従来

の業務においてはこの視点からサービスを提供できている事務所は極めて稀ではないだろうか。

　そもそも税理士が行う業務とは，法律で税理士のみに与えられた税務代理の権限によって成り立っている。このために，本来業務のなかでは，顧客の視点などは考えずともニーズを失うということがなかったのである。サービス品質についても，正確な申告さえできていれば，ある意味ではどの事務所であっても横並びで，大きな差別化のポイントとはならない。

　一方，高付加価値サービスを提供するうえでは，顧客自身がそのサービスに満足しなければ，継続利用する理由もないのである。顧客に選択してもらえるサービスを提供しようと考えるのであれば，顧客のニーズに合ったサービスを模索し提供し続ける必要があるのだろう。

　そのような視点を持ってすれば，業務体制はもちろんのこと，サービスそのものにデータやデジタルを取り込み，より良いサービスへと昇華させるという発想が生まれてくるはずだ。これは，デジタルを単なる業務の効率化のためのツールだ，ととらえるこれまでの考え方とは明らかに異なる。

3　中小企業支援とDX

　もう一点，税理士事務所がDXを推進するということは，ほかにも意義がある。それはまさしく中小企業支援におけるDX推進の観点だ。前述したとおり，中小企業の経営環境はめまぐるしい変化を遂げており，このような環境のなかで事業を継続・拡大していくためにはDXはもはや必須という状況となっている。

　今や中小企業の経営をサポートするという立場にもある税理士事務所自身がDXを実践し，理解を深めていくことで，中小企業に対してもその支援を行うことができるようになるのである。DXを推

進するうえで，企業内のデータの有効活用が重要視されており，経営計画を策定する段階でこれらのデータを検討要項に含めることで，より根拠に基づいた計画が策定できるのである。このように非財務データと財務データの結びつきを意識した経営支援は，税理士事務所だからこそできる支援なのだ。

Ⅴ　目指すべき方向性

　これまで述べてきた内容は，実はそれほどまで新しい概念ではなく，10 年以上も前から業界内ではささやかれ続けていたこととほとんど変わりがないものだ。それでも，実現できている事務所は現時点でも多いとはいえず，それほどまでに実現するのが難しいという状況は変わってはいないのである。

　DX を叶えるためには各事務所がそれぞれどのようにして変革を遂げていくのか，というビジョンを明確に定めるところから始まる。そして，短期間で大幅に変革を行おうとするのではなく，身近な部分のデジタル化から一歩ずつ着手し進めていくというスタンスが成功のカギとなりうるだろう。

　間違えてならないのは，ビジョンを持たないままで，近視眼的に IT 化を進めてしまうことである。それぞれの事務所が自分たちの描く理想に向かってデジタルを適切に活用していくことで，DX は必ずや実現成功するのではないか。

第2章

ひとりからの DX

1

DX だからこそ，
ひとりでもできる！

遠藤光寛税理士事務所

❖Point❖ //

❶ DX とは，目的達成の手段にすぎない。

❷ 終わりなきトライアンドエラー，その繰返しが大切である。

❸ 顧問先へは押しつけでなく，後押しの姿勢が重要である。

❹ あえて税理士業務外の IT 分野に踏み込むことで活路が見出せる。

❺ 知ったこと，実行したことを掛け合わせることが新たなビジネスチャンスになる。

Ⅰ 当事務所における DX の現況

1 事務所全体の業務内容（図表－1参照）

当事務所は，税理士業3割，それ以外7割の構成である。各業務は次のようなものを指す。

① 税 理 士 業

記帳代行，申告書作成，税務相談など。

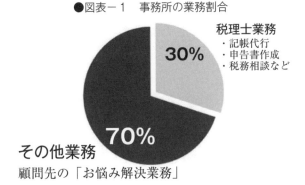

●図表－1　事務所の業務割合

税理士業務
・記帳代行
・申告書作成
・税務相談など

30%

70%

その他業務
顧問先の「お悩み解決業務」

② それ以外

　一言で言えば，企業と社長の「お悩み解決業務」である。具体的には，コンサルタント，資金繰り支援に始まり，会議のファシリテート，研修や教育，ワークフロー改善支援，バックオフィス代行などを担当している。

　また，行政書士の資格を生かし，免許申請や書類の作成なども行っている。

　FP 業務も組み合わせ，経営者一家の家計改善を皮切りに資産形成や相続対策なども行っている。

　これにより，顧問先にはサービスの向上にとどまらないメリットをもたらすことができている。経営，家庭，人生を含めた全体最適化の実現が可能になる。結果，当事務所は顧客にとり，ほぼすべてのお金やライフステージに関する問題解決の窓口となれるのである。何でも屋と化しているように思われるかもしれないが，これらは DX により生み出された成果と考えている。

　上記のようなソリューションの提供とノウハウの蓄積には「時間」という資源の確保が必要となる。

　DX とは，目的達成の手段にすぎない（**図表－2参照**）。目的とは顧問先の発展であり，手段とは時間とノウハウの確保である。そ

のための手段として，DXがある。DXは単なるIT化のことでもなければ，ましてやゴールなどでは断じてない。

●図表－2　DXとは，目的達成の手段である

手段 → 目的

IT化　　　時間確保　　サービス向上・開発　顧問先の発展

　例えば，ハンコを電子サインにしたところで，運用側に手間暇が増えてしまっては意味がない。電子サインにすることで，顧問先や自分にどんな恩恵があるのか。押印するという動作を上回るメリットとタイミングはいつなのか。それを検証した上で，導入しなければ，コストだけかかる無用の長物と化してしまう。

　TPOによっては，従来のハンコ押印の方が早いし正確ということもある。目の前にハンコをもった取引先がいるのに，わざわざPCを起動させてクラウドサインを説明し，署名場所と署名方法を説明しながら操作してもらうのであれば，書面の方が圧倒的に便利である。押印するという動作ですむのだから。しかし，目的は契約の合意と保全であり，IT化ではない。

　どの業務にITが向いていて，また，どの業務に従来型が優れているのか。また，組み合わせることで新しいシナジー効果を生み出すことはできないか。こういった有効性を検証するためには，たゆまぬトライアンドエラーが必要不可欠である。そして，このトライアンドエラーは，大食漢どころか暴食でもある。時間と労力を際限なく消費する代物なのである。

　この時間と労力の確保のための画期的手段こそが，DXなのだ。

　次節では，その効果と取組みを紹介していく。

2　DX による三つの効果（図表－３参照）

●図表－３　３つのコストダウン

1．時間コスト

・情報へのアクセススピードUP
・先読み処理によるリスクヘッジ

2．金銭コスト

・人件費
・事務所賃借料　など

3．精神コスト

・売上に追われる
・のぞまぬ条件での取引
・人材育成、人材マネジメント
・情報漏洩、従業員等のリスク管理

1 コストダウン

(1) 時間コスト

　場所と時間の制約がなくなったため，情報にアクセスできるスピードが格段に向上した。セキュリティも強化され，紛失，盗難，破損，災害への備えは紙ベースのものより格段に向上した。結果として，未来予測がある程度できるようになったため，トラブル防止，リスク回避，先行投資など，総合的に時間的余裕が生まれるようになった。

(2) 金銭コスト

　○人件費と賃借料が０円である。

　○自宅兼事務所，ひとり税理士である。

　○人出が必要なら，アウトソーシングしている。

　○二大固定費（人件費と賃借料）がないから，売上にがっつくこ

ともない。

⑶ 精神コスト

○個人的には精神コストが最小限に抑えられていることが一番大きい。

○人件費や賃借料は固定費といういわば枷である。

○スタッフや賃料支払のために望まない仕事も受けざるを得なくなる。

○スタッフの教育，モチベーション管理，リスク管理にも気を遣う。

○精神の摩耗は顧問先に対するパフォーマンスにも影響する。

　一般教養から会計人としての立ち居振る舞いを教え，機嫌を取ることも厭わず，レベルアップのため試験合格も推奨し，ノウハウを徹底的に叩き込んで手塩にかけて鍛え上げたスタッフ。やっと右腕としてこれから回収していこうとした矢先にあるのは「独立宣言」という下剋上プレゼント。そこからの顧問先とノウハウという二大財産の流出。そういった心配や心労は，DXのひとり事務所には一切ない。出ていく費用も少ないため，売上を追いかける必要もない。とても贅沢なことではあるが，お付き合いする顧問先を時には「選ぶ」ということができている。

2 DXの三つの取組例

⑴ 事務所インフラ（図表－4参照）

　紙媒体は全てスキャンしてクラウドに保存している。これにより，保管場所の制約がなく，場所を選ばず情報を引き出すことができる。紙媒体であれば必要な重要書類のファイリングや保管場所の確保も必要でなくなる。24時間，どこからでもアクセス可能なところも魅力である。

●図表－4　事務所インフラ（一例）

(2) 会計業務（図表－5参照）

●図表－5人と AI の違い

	👤 人	🤖 AI
教　育	複数回・長期間	1回
お　金	固定費 変動費（残業）	なし （初期費用のみ）
ケアレスミス	可能性あり	なし
ミスの指摘	相手感情を忖度	忖度不要
ご機嫌	変動	なし
交代要員	採用教育困難	不要

　AI の長所を生かした業務内容を実現している。有り体に言えば，入力作業がほぼない。顧客からの預かり書類を紛失するおそれもない。

　具体的には，銀行やカード会社のデータを会計ソフトに連携し，それ以外の紙媒体データは顧問先でスキャンし，その場で文字起こしサービスに送信する。

　連携データや文字起こしされたデータは会計ソフトに連動されるが，AI により自動仕訳の候補ができている。自動仕訳は自分で育てることが可能であるため，一度憶えさせれば，同じ作業をしてくれる。自動仕訳機能は他の顧問先にも移すことができるため，導入

が容易である。

　これが非 IT であればどうだろうか。紙媒体で帳簿書類を預かり，データ入力の人を雇い，仕訳や数字のチェックを繰り返し，間違っていれば教育する。教育するのにも相手の感情を考えねばならない。

　これに対し，データ連携であれば，間違えようがない。さらに，外部文字起こしサービスであれば，間違いははっきり間違いと指摘することができる。そして，AI は憶えさせるのが容易である。人と異なり，忘れる，うっかり，ケアレス，ご機嫌斜めといったことは一切ない。夜中だろうが休日だろうが，文句一つ言わずに働いてくれる。素晴らしい相棒である。

⑶ 事務所運営（図表－6参照）

●図表－6　事務所運営図

　クラウドサービスと SaaS（Software as a Service）をメインに利用し，いつでもどこでも仕事が可能な状態をつくり上げている。このため，事務所の PC にしかファイルが入っていない，ソフトウェアが入っていないなどの理由で時間をロスすることがない。

　事務所である以上，企業活動に伴う庶務が生じるが，当事務所はこのための手間は極力除いている。具体的には以下のとおりである。

　① 郵　便

　　Web ゆうびんを利用。PDF をアップロードすれば，封入後，

郵送してくれる。これにより，請求書などや簡単な文書などの郵送業務，切手や封筒の管理，発送処理がほぼなくなった。

② **購　入**

Amazon と宅配ボックスを利用。大抵は翌日納品される上，外出中は宅配ボックスに入れてくれる。店に行く時間，商品在庫を探す手間や交通費を削減している。また，宅配ボックスは受渡しや再発送の手間を防ぐなど，労力の大幅短縮につながっている。

③ **FAX**

イーファックスを利用。受信は Gmail と連動させて，広告は廃除している。送信はメールのように PDF を添付することで可能となるため，税理士会や商工会への送信に重宝する。パソコン上で送受信が完結するため，複合機の導入もする必要がない。

④ **支　払**

ネットバンクによる振込みとカードが主流。現金では極力支払をしない。事実，現金があるから，出納簿の管理という事務が生じる。残高の確認と記帳はいたずらに労力を生む元凶である。現金出納簿にアクセスしない環境を構築している。

余談であるが，当事務所では接待交際費（香典）ぐらいしか現金記録が存在しない。

⑤ **ネットバンク**

記帳や振込みのために金融機関に出向く必要がない。24 時間365 日対応なので，営業時間に自分の計画を合わせる必要もない。

⑥ **定期支払**

自動振替サービスに対応していない取引の場合はネット銀行の自動振込みサービスを利用している。金融機関にもよるが，決まった支払（報酬や駐車場の払込みなど）は設定さえ行えば，毎月自動で振込作業を行ってくれる。ネットバンクへログインする手間

すらも省くことができる。

⑦　**入　金**

　QRコード決済も使用。個人の単発の顧客にはQRコードを送信して，決済してもらう。また，請求書にQRコードを印刷するなど，払込票を作ることも可能であり，利便性にも寄与してくれる。

⑧　**記　帳**

　ネットバンクとカードを会計ソフトと連動させ，行っている。

⑨　**活動管理**

　クラウド型グループウェアを導入。月額990円と廉価で，自分で設計も可能なため，顧問先管理と自分の活動記録とをマッチングさせ，顧問先に対する質の高い会話の糸口としている。

⑩　**FAQ**

　実務で実際にあった取扱いを，ライブラリとしてスプレッドシートに蓄積。文献や条文のリンクも貼ることで，情報にすぐアクセスできる。これもスプレッドシートであるため，どの媒体からもアクセス可能である。検索も可能な精度の高い虎の巻を作っている。

⑪　**文　献**

　記事や雑誌の切り抜きも全てスキャナ保存している。PDFの文字検索機能も組み込まれており，いつでもどこでも，素早くアクセス可能な，自分だけのスクラップブックができている。

　上記のような取組みの結果が，自宅兼事務所，従業員ゼロ，大規模倉庫不要，サーバー不要，バックオフィス要員不要という成果を生んでいる。

🄷 DXの成果と考え方の変革

⑴ 上流工程へのアプローチ

　帳簿の流れは，川の流れに似ている（**図表－7参照**）。

●図表－7　会計フローイメージ（従来型）

上流　企業活動

中流　経理記帳

下流　会計事務所

事務量とリスクは下流に行くほど増加

　　上流：企業が取引を行う。
　　中流：企業側で帳票をとりまとめする。
　　下流：会計事務所が記帳，決算，申告を行う。

　帳簿は川を溯上することはなく，ただ中流域からの流れを処理するというのが従来の帳簿の作成プロセスであろう。先人たちは，これを打破すべく，中流域である経理担当への指導を行うなど試行錯誤してきた。だが，属人化している以上，本質的な下流域の作業減少につながらないというのが実情ではなかろうか。

　会計事務所にとって，顧問先からの帳簿はスクラップアンドビルドである。上流，中流域で発生した帳簿を否定（スクラップ）し，正規の原則に基づいて再構築（ビルド）する。下流域にいるがゆえの宿命である。

　伝言ゲームでいえば，最後尾が会計事務所のようなものだ。しかも伝言の繰返しによって当初の情報とは乖離している可能性が高いのに，正解することしか許されない。

　そこで，当事務所では，上流域へのアプローチに着手した（**図表－8参照**）。すなわち，上流域での取引の仕組みを改革し，中流域に流れる情報を絞る。中流域では，必要なポイントのみをとりまとめるに留める。下流域の会計事務所で会計帳簿を組み立てる，すなわちビルドだ。

●図表－8　会計フローイメージ（当事務所）

企業活動ファーストでの全体の間接事務削減

　会計事務所でルートを把握，プロデュースしているのだから，イレギュラーはほぼ発生することはない。スクラップアンドビルドからビルドのみに的を絞った考え方である。これにより，上流域と中流域の仕事を減らし，下流域である当事務所の仕事も激減した。

　顧問先企業からは，本業に注力できる時間が増えた，安心してやりたかった仕事だけできると喜びの声も多数いただいている。また，これによりリアルタイムで決算情報を把握できるということが，可能になった。

　桁違いの結果を出すには，気合や根性，個人の頑張りに頼ってはならない。それではせいぜい，5〜10％程度の改善が関の山である。そしてそれは持続しない。200％，300％の結果を出すには，ルールや枠組みごと変える必要がある。

(2) 対策より予防

　リアルタイムで決済状況を把握することにより，未来予測が格段

に立てやすくなる。資金繰りも税金のシミュレーションも合わせた上で，リスク回避できる。事実，コロナ禍や福島県沖地震の時などでは，助成金，資金繰り，制度融資支援を含め，情報を取りこぼすことなく，先制対応をすることができた。

　その結果，全ての顧問先の財務内容がコロナ前より改善した。ピンチをチャンスに変えることができた。

　健康もそうであるが，治療よりも予防する方が格段にコストは低い。顧問先企業のバックオフィスを固め，未来予測を行い，企業が後顧の憂いなく活動に専念する環境を提供する。企業経営者は総じて，パフォーマンスが高い人が多い。業績が上がらないのは，さまざまなことにリソースを取られているからだ。当事務所の顧問先は，このリソースを前だけに向けることができるのだ。業績が上がらない理由がない。

(3) 経営者の理想達成へのサービス（図表ー9参照）

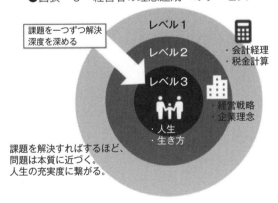

●図表ー9　経営者の理想達成へのサービス

①　蓄積×蓄積＝新サービス

　税理士である筆者は，顧問先の企業に対して，その企業の一員として入り込むようにしている。時間と労力を最大限に投下して

深いお付合いをさせていただいている。

　離婚や破産，リスケ，家族会議，遺産分割にいたるまで，逃げ出したくなるような場面のファシリテートをすることもある。内容が濃い分，得られる経験値は段違いだ。くぐった修羅場の数が違うのである。蓄積された経験値を組み合わせることで，新たなサービスの仮説を立てることができる。

　トライアンドエラーを繰り返すことで，稀にアタリが出ることがある。それを磨き上げて，武器とする。終わりなきトライアンドエラー，その繰返しの結果，今がある。

Ⅱ　DXに取り組み始めるようになったきっかけ

1　始まりは税務署職員時代から

　私の前職は税務署職員である。税務署職員時代では，税務署窓口，税務調査，納付相談の場で，お会いする税理士は素晴らしい職業人ばかりであったが，中にはPCの使い方が分からないと署に電話をしてきたり，顧問先企業を平然と見下す発言をしたり，自分の主張が通らないと金切り声で叫んだりなど，その在り方に疑問を持ったこともあった。

　そんな中，税理士業界の勢力図が変わると確信した出来事がある。クラウド型会計ソフトの台頭だ。オンラインバンクからのデータ取得，パターンに基づく自動仕訳機能など，幕末の黒船もかくやと思わせるものがあった。それは，従来の人力に頼っていた記帳代行業務時代の終焉を感じさせるには，十分な力を秘めていた。

　ベテランが30仕訳／時間と誇っている作業が1秒で終わるのだ。鍛え上げたテンキースキルも，磨き上げた仕訳処理も，機械の前にはなす術もない。産業構造が大きく変わると感じた。

　これが，税理士を志す引き金になった。税務署職員には，在職年数及び部内試験合格で税理士資格の免除をいただけるという制度があるのだが，そのときを待つことなどできなかった。

　今ならまだ間に合う。時代に追いつけるか，先駆者になれるという期待のもとに，税理士試験の勉強を始めた。時同じくして，消失する職業の候補第1位として税理士が報道されるようになった。税理士試験の勉強中も，署の同僚から「今後の税理士は厳しい」と何度も心配してもらった。だが，私の解釈は，「なくなる税理士」と生き残り，「飛躍する税理士」との違いを感じていた（**図表－10参照**）。

●図表－10　今後の税理士図

生き残る税理士	厳しくなる税理士

課題解決者としての価値	作業としての価値
・企業経営のアシスト ・経営者人生の充実	・記帳代行 ・決算代行 ・申告書作成

　「なくなる税理士」というのは，既存の記帳代行，決算代行，申告書作成の3本を収益の柱としている税理士である。「飛躍する税理士」というのは，顧問先に寄り添い，対話と解決を重視する税理士のことだ。そして，税理士の平均年齢は70歳近いといわれている。税法の知識や経験は及ばないが，IT では分がある。

　ほとんどの企業が求めているのは，帳簿ではなく，対話だ。しかも，熱量のある対話である。ともに汗をかき，喜び，苦しむ，「本当の経営パートナー」なのである。

　それはクラウドを含む種々の IT を活用した DX の果てに実現可能と感じた。そして，企業に深く入り，社長の本当の片腕として，バッ

クオフィス業務から企業を支えたい。

　ただし，税理士となっても，従来型業務を主とする事務所に勤務すれば型がついてしまう。時代に乗り遅れる可能性が高い。そこが税理士業界未経験で開業した理由である。

2　税理士事務所を開業しての現実

　税理士になると，記帳代行という業務の構造を理解できた。企業内における帳簿の流れを川上→川下に喩えれば，企業活動が上位で中流が経理担当，会計事務所は最下流に位置していた。いわゆる，パズルを解く作業を会計事務所が行っていた。

　そして，そのパズルを解く作業に対する会計事務所と顧問先企業とに温度差があることも理解できた。会計事務所にとって，難解な帳簿や税法を駆使した申告書は値千金の価値がある。しかし，企業にとっては，関心が薄いのだ。企業にとっての関心事は経営活動をどうするかであり，税金の計算は資金繰りという経営活動の一端に過ぎない。このギャップが，会計事務所が値段で判断されるゆえんと感じた。

　しかしながら，ビジネスチャンスも見出せた。

　中小企業には，経営の話し相手がおらず，それを解決するための担い手は不在である。事実，経営者へのアンケートで相談相手として61％（**図表－11参照**）が会計事務所であるにもかかわらず，そのニーズを満たせる事務所は少ない。会計事務所にとってみれば，そんな余裕がないというのが実情であろう。そもそも，税理士事務所の優越を競う尺度の大半が「件数」なのだ。単価が低いがゆえに，件数にフォーカスせざるを得ない構図が透けて見える。

　会計事務所は安い単価を数でカバーする。当然，じっくり向き合う機会は減る。その視点自体，「会計事務所ファースト」である。顧客目線ではない。企業にとって，帳簿作成という作業だけなら魅

力を感じない。欲しいものを売っていないのだから，安くなるのは当然の摂理である。これは商売の原則である。従来型の会計事務所は安くなった売上げを補うため，数でカバーしようとする。数が増えれば品質は下がる。そして激安化が進むという悪循環である。

　その活路は，顧客の欲しいものを売ることにある。すなわち，対話とソリューションである。対話の時間を増やし，企業の力として腕を振るうだけなのだ。だからこそ，それに応える事務所づくりが今後の勝者になると感じている。

●図表－11　経営の相談相手

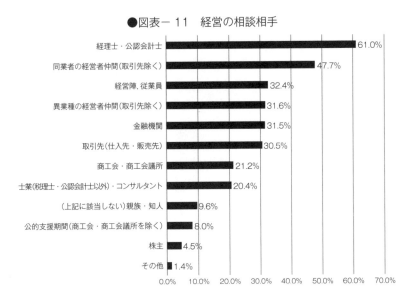

資料：㈱野村総合研究所「中小企業の経営課題と公的支援ニーズに関するアンケート」2020年
（注）1．各回答数(n)。小規模事業者：n＝1,681。
　　　2．複数回答のため，合計は必ずしも100％にはならない。

　企業には，IT に詳しい人材が不在であることも大きい。一昔前に，「美人すぎる○○」という言葉が流行った。美を競う業界であれば埋もれてしまうが，異業種であればトップになれるというものである。自分も同様である。税務署 OB ではあるが，OB 税理士からは

「退官まで勤め上げなかった半端者」と侮られることも多い。Web
もプログラミングも動画編集もできるが，エンジニア業界では凡百
の存在である。そんな半端者の自分であるが，税理士業界ではどう
だろうか。私の所属する東北税理士会のデータであるが，税理士約
2,500名のうち，30代以下の税理士は約150人（6％）である。
元税務職員＋税理士試験受験合格＋ITのスキル経歴を持った30
代税理士。「美人すぎる○○」よろしく，パイオニアになれるとい
う自信があった。

3　仮説への検証

　かくして，仮説を検証した結果，次のような十分な手ごたえを感
じている。
　○中小企業は話し相手とソリューションが関心事である（図表－
　　11参照）。
　○税理士業界にITに詳しい人は少ない。
　○先行者としての利益を確保できる。
　かくして，DXへの道を最重要戦略として邁進していくことと
なった。

Ⅲ　DXに取り組むに当たっての工夫

　DXに取り組むに当たりぴったりな言葉があるので紹介する。

　　百聞は一見に如かず（100回聞くより1回見ること）
　　百見は一行に如かず（100回見るより1回の実行）
　　百行は一考に如かず（100回行うより1回の考察）
　　百考は一果に如かず（100回考えるより1回の成果）
　　百果は一幸に如かず（100回の成果より1回の幸せ）

百幸は一皇に如かず（100 回の幸せより全体の幸せ）

（出典）『漢書』

　顧問先を含め，全ての幸せの達成が皇であるのなら，このとおり進めば良い。つまり，トライアンドエラーである。

1　心構え・顧客目線

　大事なのは，主役は顧問先ということである。自分で良いと思っていても，相手が必要と思わなければ押しつけに成り下がってしまう。だからこそ，相手の関心と本当に欲しいものを引き出す力が必要になる。そのためには次の二つが必要である。

　①　聴く力

　②　顧問先の業界知識

　これら2点は必須スキルである。対話力とアンテナを広げ続けることがカギになる。

2　心構え・自己目線

　大きく3つの段階があると考えている

❶ 知　　る

　調べる，聞く，学び続けること。

❷ 実　　行

　知ったことを試す，行動に移すこと。失敗することもあるだろうが，それで良いと思っている。本当の失敗は，失敗を恐れて何もしないことである。失敗しない方法はただ一つで，成功するまでやめないことだ。愚直なトライアンドエラーの覚悟と実行が必要になる。

　また，成功しても，その地位に満足しない。できているなどとは思わない。技術は日進月歩だし，次のパイオニアが出てくるだろう。おそらく，これから 10 年以内にデジタルネイティブ世代が台頭し

てくるだろう。平成二桁台生まれの，Windows95 も，ポケベルも，ファミコンも，MD も知らない世代である。インターネットやパソコンが生まれた時からあり，当たり前と化している世代である。彼らに伍して行くためにも走り続ける必要がある。

3 組 合 せ

さらにできることが，知ったこと，実行したことを掛け合わせることだ。新しく見える技術は画期的に見えて，既存技術の置換えであることも多い。試行錯誤するうち，完成することが多い。

Ⅳ　関与先への DX の普及

1　共通言語

関与先に対しては，まずは情報インフラの整備が必要だ。そのために，電話やメールよりも優れたコミュニケーションツールを活用し，お互いの共通言語としている。
　　〇チャットワーク
　　〇 Zoom
　　〇マインドマイスター

2　ワークフロー

情報インフラが整ったら，上流工程へのアプローチである。具体的には以下のようなものを普及させている。
1 ファイル管理
　　〇グーグルドライブ
　　〇クラウド対応スキャナ
2 決済方法・手段
　　〇ネットバンク

○クレジットカード

○クラウド会計ソフト

3　業務への浸透

　ある程度慣れてくると，新しいものに対する運用スキルも必要になってくる。これを研修や仕組化でサポートすることで，浸透を図る。

○ IT 人材の育成

○ IT スキル研修

○ DX 導入

○ DX 導入コンサル

4　オーダーメイド設計

　企業の特性やニーズを把握して，最適解を提案する。アナログの方法が最適ならアナログを，デジタルが最適ならデジタルを，両方が最適なら良いとこ取りを，といった具合である。こうすることで，関与先への押しつけではなく，業務の後押しができる。

Ⅴ　今後の課題と展開

1　課　題

1 顧問先の経営スピードの向上

　経営者との対話が最大のバリューであることは間違いない。ただし，素晴らしいスキームであっても，実行しなければ画餅にすぎないこともまた事実である。経営スピードを向上させるには，経営者の行動が必要である。そのためには，課題に対する認知と納得，行動への動機づけを促進する必要がある。

② 自分自身の終わりなきレベルアップ

　経営者にとってそこまでの存在になるには，経営者からの信頼獲得が必須条件である。そして信頼を獲得するためには，スキルと経験が必要だ。スキルとは経営者のニーズや課題を引き出し，優先順位を上げる対話スキルである。コンサルティングやコーチングスキルの習得が急務である。

　また，提案するための知識と経験も必要だ。そのためには，膨大なトライアンドエラーが必要になる。

　これらの課題に向き合ううえでどうしても避けられないのが，自分自身との戦いだ。人間は臆病である。新しいものに抵抗し，現状にとどまろうとする欲求がいつでもある。だが，現状にとどまってしまったら置いて行かれるだけなのだ。時代はすさまじい勢いで動いている。とどまるだけでも，後退を意味する。

　地上波では流れなくなった水戸黄門の主題歌「あゝ人生に涙あり」の 2 番にはこんな歌詞がある。

　　　人生勇気が必要だ
　　　くじけりゃ誰かが　先に行く
　　　あとから来たのに　追い越され
　　　泣くのが嫌なら
　　　さあ歩け

　歩いてなどいられない。全力疾走である。

2　展　開

① 販管費の占有割合向上

　顧問先の P ／ L 販管費は数多くある。

　なぜ「支払報酬」領域だけで満足するのだろうか。IT を例に挙げるだけでも，IT スキル UP のための「研修費」，IT 導入によるPC，サプライ品などの「消耗品」などがある。

　ヒントとして一例を挙げる。

　会計事務所で勤務する方の中には，顧問先から PC 操作やサポートも依頼された経験はないだろうか。実は，それは完全に業務外の作業だが，顧問先の頼みならとサービスしている方もいるだろう。ならば，それを手間と思うのではなく，基幹業務として商品化してしまえばよいのだ。これも上流思考の一環である。

　通常企業において，通信機器や PC の調達は上流で決定し，中流域で運用する。そして，設定を含め複雑に入り混じった下流でのトラブル解決を会計事務所に依頼する。なぜなら，話しやすいからだ。だからこそ，この流れを，会計事務所でコントロールするのだ。

　会計事務所側で機器，通信機器，メーカー，設定，まとめて納品すればよい。そうすれば，設定トラブルの対処が早いうえ，予防策も打てる。機器は統一されているため，トラブルシューティングも作れる。リスクもコントロールすることができる。

　経営者にとっても，勝手がわからないところから PC 業者を探すより，身近な会計事務所がそれを担ってくれるのなら，参入障壁は低い。チャンスである。同業と鎬を削るのではなく，他業種の領域に踏み込む。他業種のシェアを奪取するのだ。

　契約もショットからサブスクリプションなど，自由自在だ。例えば，PC でいえば，2 年に 1 回のリース更新契約を組む。それだけで，顧問先単価は月額で 1〜3 万円アップする。しかも PC 1 台当たりでそれが見込めるのだ。複数台契約にしたらいかほどになるだろうか。

　顧問先は 2 年に 1 回 PC が更新できる上，会計事務所側としても，上流からのコントロールに加え，古い PC を使い続けることによる

顧問先からの問合せが減る。企業にとっては，誰に支払おうとも同じことなら，サポートが厚いところを選ぶ可能性が高い。しかも，トップ営業ができる「税理士」というステータスは，営業にとって最強の手札でもある。

　そのようにして顧問先企業における販管費の占有割合を増やしていけば，数社で税理士事務所の経営を賄える規模になるだろう。価格競争によって顧問先を増やす必要もなくなるのではないだろうか。

❷「本当の経営パートナー」(図表−12参照)

　顧問先と会計事務所の結びつきを強めることが「本当の経営パートナー」になるための秘訣である。

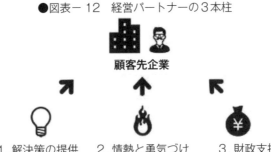

●図表−12　経営パートナーの3本柱

顧客先企業

1.解決策の提供　　2.情熱と勇気づけ　　3.財政支援

　前述した販管費の占有であるが，占有割合が大きくなれば，財務上でも支援することが可能になる。つまり，顧問先にとっては販管費（固定費），事務所にとっては売上であるが，これを顧問先の経営状態に合わせて契約更改するなどコントロールすることができる。

　企業の固定費領域を会計事務所の決断によって変動費に変えることができるのである。顧問料だけなら，インパクトは小さいが，賃借料，研修費なども占有していた場合，それだけ経営に与えるイン

パクトは大きくなる。事業には波があるのだから，業績に応じて価格を改定するなど，柔軟に対応することが可能になる。

企業の経営を安定化し，健やかなる企業活動を維持するためには，

①　解決策の提供

②　情熱と勇気づけ

③　Ｂ財務支援

の３つが必要である。

解決策があっても，情熱がなければ動けない。情熱があっても，先立つものがなければ実を結ばない。先立つものがあっても，解決策がなければ浪費に終わる。上記３点を柱とすることは，顧問先企業の生存率と成功率を高めるための必要条件なのだ。

美しいグラフ，装丁の豪華なファイル，いかにも当を得たような説明。上辺だけ取り繕ったところで，それが何になるだろうか。

企業が求めるのは，綺麗な世界ではない。苦しい時には共に泥をかぶり，好況な時は兜の尾を絞め，何気ない日常の裏で，リスクの芽を地道に摘み取る同志である。共に苦しみを味わい，繁栄を喜ぶしたたかさがあってこそ，本当の経営パートナーとなれると感じている。

そのようにして，本気の経営者と，本当の経営パートナーが揃うのだ。なんだってできる。

そしてこれは，私に限ったことではない。本気の会計人なら同じ，それ以上のことができると信じている。

この国の経営者と，会計人の力を，信じている。

この流れを全ての顧問先に浸透させ，賛同する会計人も含め，ゆくゆくは会計事務所をハブとした，顧問先同士のゆるやかな経済圏を構築することが狙いである。

最後になるが，DXとは結果ではない。手段である。結果とは，顧問先の発展である。そのために必要な資源が，時間と熱量である。

顧問先にマッチしたソリューションを試すにも，浸透させるにも，膨大な時間と熱量を消費する。

　時間と熱量という資源を確保するための手段こそが，DXである。IT化によって既存の作業やコストを減らし，自分しかできない仕事に回す資源を最大化する。最大化して得た知見を顧問先のお客様に活かすこと。これこそが，DXの本懐といえるだろう。

事務所プロフィール

① **事務所名**：遠藤光寛税理士事務所

② **所 在 地**：福島県郡山市大町一丁目 14 番 14 号

　　　　　　ラフィネス郡山 1101 号

③ **設 立 年**：平成 30（2018）年

④ **所 員 数**：1 名（所長　遠藤光寛のみ）

⑤ **事務所の特色**

【御社には、御社の DX】

　中小企業への DX 導入はもちろん、士業事務所向け DX の導入支援も行っている。組織風土を生かせるよう、課題や理想をじっくりヒアリングしながら、一緒に組織を磨き上げていくことをモットーにしている。半年から 1 年にわたり、時間をかけて着実に組織への定着、運用を目指している。

【本当に使える DX】

　顧客の最大利益を追求するため、メーカーや専門業者とは提携せず、第三者的な見地から設備や技術の導入を行っている。

⑥ **連 絡 先**

　メールアドレス　endouzeirisi@gmail.com

　電 話 番 号　024-953-8477

2

クラウド会計を軸に
日常業務を半自動的に回す

戸村涼子税理士事務所

❖Point❖ //

❶ ひとり事務所だからこそ,「クラウド会計専門」を軸に DX を
行うことができる。

❷ DX に取り組み始めるようになったきっかけは「無駄な時間を
なくして,時間をかけるべき仕事に集中したい」との思いからで
あった。

❸ システム間でどうしても効率化できない業務について RPA を
活用する。

❹ 関与先とは日常的な業務が半自動的に回る仕組みであるため,
社長とのコミュニケーションなど,より大事なことに時間を費や
せる余裕ができている。

❺ DX は「目指すべき世界のために,必要な改革はなにか?」と
いう命題から入っていくことが大切であり,電子インボイスはそ
れを実践する良い機会である。

Ⅰ　事務所における DX の現況

　当事務所は，従業員を雇わない「ひとり事務所」である。営業，顧客対応，雑務のすべてを私ひとりで担当している。そんなひとり事務所が行っている DX（といって良いのか分からないが）を紹介する。

　なお，DX という言葉の定義はさまざまであるが，ここでは，「私が望ましいと考えている世界を実現するために主に IT で実現できること」という意味で使うことにする。

1　ペーパーレス

　まず，徹底的に紙を排除している。当事務所には，紙の書類は一切置いていない。紙を扱う限りは，データを活かす考え方である DX を実現できないと考えているからだ。その覚悟として，当事務所には複合機はもちろん，プリンタも置いていない。これを実現させるために，以下を実施している。

① 情報共有はクラウドストレージで

　税務署へ提出した申告書，申請書や，会社の基本情報である謄本，定款等はすべて電子化してクラウドストレージに保管している。紙に印刷して顧客に送る，逆に顧客から紙を受け取ることは一切行っていない。

　中途半端に紙とデータが混在すると情報の一元化ができず，無駄な時間が増えるためだ。情報共有をデータに一本化するためにもクラウドストレージの利用は必須と考えている。むろん，データ化することができない紙を利用する FAX は置いていない。

② クラウド会計100％

　当事務所は，「クラウド会計専門」を謳っており，クラウド会計

を利用したい人，既に利用している人のみ顧問を受け付けている。

　なぜクラウド会計100％にしているかというと，データを活かすDXの考え方と非常に合っているからだ。クラウド会計を利用すれば，銀行やクレジットカード等のデータを同期することによって効率的に仕訳の登録ができる。なおかつ，リアルタイムで顧客と情報共有できるのもメリットだ。近年頻繁に改正が行われている電子帳簿保存法も，クラウド利用を前提にしているという理由もある。

　結果として，お互い作業に追われることなく，価値のあるコミュニケーションに時間を割くことができる。

❸ 請 求 業 務 の 電 子 化

　顧客へ紙の請求書は一切送っていない。クラウド会計上で共有するか，外部のサービスを使ってデータで送信している。結果，顧客も私も紙の保管をする必要がなく，データを同期することによって効率的に仕訳の登録を行うことができる。

❹ 年 末 調 整 の 電 子 化

　年末調整は，すべての顧客にクラウド給与計算上で行ってもらっている。年末調整に必要なデータは，従業員が質問に答えていくことによって自動的に作成される仕組みだ。扶養控除等申告書などの申告書はデータで保管することができる。給与源泉徴収票，給与支払報告書もクラウド会計ソフトから直接送信するか，e-Tax，eLTAXにインポートして送信している。

　このような電子化によって，年末調整によって発生する無駄な手間・紙を大幅に削減することができている。

❺ 申 請 手 続 の 電 子 化

　今の時代，税務署等の行政機関へ行く必要はないと考えている。顧客にも行かないようにしていただいている。電子申請と2❷で説明する電子納税でほぼ手続ができるからだ。社会保険，労働保険の手続もなるべく電子申請をしてもらっている。

　最近では,「G ビズ ID」という電子証明書がなくてもできる電子
申請システムもあるので, これら最新の行政システムを積極的に顧
客に案内している。

2　キャッシュレス

　キャッシュレスも, データを活かす DX には欠かせないと考えて
いる。現金を使い, 銀行窓口に出向いている限り, DX はほど遠い。
キャッシュレスを実現するために, 以下のことを実施している。

■ 報酬のクレジットカード決済

　当事務所は報酬（顧問料, 単発サービスすべてを含む）について
クレジットカード決済を導入している。クレジットカード決済は,
外部のサービス（PayPal, stripe など）を利用することにより導
入することができる。自動課金サービスがあるため, 毎回顧客が銀
行やインターネットバンキングを利用して支払手続を行う必要がな
い。さらに, クラウド会計と同期して, データが自動的に取り込ま
れるため仕訳登録もスムーズだ。

　もちろん決済手数料はかかるが, 顧客にも自身にも上記の大きな
メリットがあるためそのための必要経費と考えている。

■ すべての顧客に電子納税を導入

　すべての顧客に, 電子納税（インターネットバンキング, クレジッ
トカード決済）をお願いしている。データを活かす DX のためには,
わざわざ「紙の納付書」というデータから分断されたものに改めて
書き写し, 銀行窓口に出向いて支払うという無駄なことは避けなく
てはいけない。特に, 毎月支払う源泉所得税, 従業員の住民税は電
子納税が必須と考えている。

3　打合せはオンライン会議システムで

　顧客との打合せは緊急時を除き, 基本は zoom, Google の

Meet などオンライン会議システムにてお願いしている。オンライン会議システムの便利な機能（画面共有，ホワイトボードなど）とタブレット・デジタルペンを使うことにより対面と変わらず効率的に打ち合せを進めることができる。

4　Excel・RPA で業務効率化

　納税予測，資金繰り予測などは Excel を活用している。会計ソフトだけでは分析業務ができないからだ。Excel は，データとして使える形式（csv 形式など）にする，ピボットテーブルやグラフで視覚的に説明する，といった業務に必須のツールである。Excel を活用，と言うと「今更？」と思われるかもしれないが，便利な機能を使いこなしている人は思いの外少ない。DX を考える前に，Excel でできないかと考えることが必要である。

　システム間でどうしても効率化できない業務については，RPA（Robotic Process Automation）を活用している。ソフトは，無料の UiPath と，Microsoft 社の Power Automate Desktop を利用している。これらはプログラミング思考を身に付けるためにも良いツールだ。

Ⅱ　DX に取り組み始めるようになったきっかけ

1　経理の経験

　筆者は税理士になる前に 8 年程度，一般企業の経理を経験してきた。そのときに感じたことは，「経理の本質的な価値は何なのか？」ということだった。というのも，紙の書類の対応に追われ，電話が鳴り響く職場で皆が「過去の数値」をまとめる「作業」にほとんどの時間を費やしていたからである。

　経理の本来の価値は，経営者に対してスピーディーに意思決定に必要な情報を提供することである。しかし，そのことにほとんど時間が費やされていなかったのである。

　そこで，どうやったら「作業」から解放されるかを常に考えてきた経緯がある。その解決策が，今回のテーマである DX につながっている。前述した Excel，RPA 等の活用もこの経験からヒントを得ている。

2　記帳代行に疑問

　独立して間もない頃，近場の事務所で働いたことがある。そこでは，印象深い経験をした。レジのロールペーパーや領収書などが月末に段ボールで送られてきて，それを一つひとつ会計ソフトに人が入力していたのだ。日付は，数か月前のものだった。つまり，入力が追いついておらず，数か月前の数字すら顧客は把握できていなかった。

　この経験を経て，「数か月前の数値」は顧客にとってなんの意味も持たないことをあらためて感じた。顧客は数値を外部に丸投げしてしまっているので，自社でリアルタイムに財政や経営の状況を把握できない。そんな手探りのような経営をすることは非常に危険であると考えた。自社にとって命ともいえる数値を外部に丸投げする「記帳代行」に疑問を持ち，顧客自身が数値の主導権を握る仕組みが必要と感じた。そんなときに出会ったのが次に説明するクラウド会計である。

3　クラウド会計との出会い

　独立後，ほどなくしてクラウド会計と出会った。その特長は次のとおりである。

　〇自社で記帳することが基本

○データを活かすことが前提

○リアルタイムでの数値把握が可能

○クラウドのため，情報共有が容易

○ペーパーレス，キャッシュレスを進めやすい

という点で，これまで私が感じてきた懸念を解決できるものと思えた。そのため，ひとり事務所だからこそできるニッチ戦略として，「クラウド会計専門税理士」と名乗った。ターゲットも，創業したばかりの個人事業主，中小企業に絞った。結果として，IT に比較的強い顧客からの依頼が集まり，望む世界（自社で記帳し，スピーディーに意思決定してもらう）を目指すための IT 活用（DX）も自然と進んだ。

4　必要に迫られて学んだプログラミング・RPA

元々私は面倒くさがりであり，「無駄なことはしたくない」「なるべく楽したい」人間である。特に経理をしていた勤務時代は，短時間で，効率的に仕事を終わらせて早く帰ることばかり考えていた。そこで必然的に学んできたのがプログラミングである。例えば，Excel を自動化するマクロ・VBA は早いうちから学んでいた。いまでもそのときの知識は役に立っている。

その延長で独立後に学んだものが RPA である。RPA は，システム間のルーチン作業を自動化してくれる。このときも，動機は「RPA を学びたい」という思いではなく，「無駄な時間をなくして，時間をかけるべき仕事に集中したい」という思いからであった。

このように，私が DX を取り組むようになったきっかけは，一つは経理の本来の役割を考えた末に出会ったクラウド会計と，それに伴う顧客の絞込みである。もう一つが，「無駄な作業をしたくない」と必要に迫られて学んだプログラミング・RPA である。このよう

に DX を意識することなく，自分が望む方向へ向かっているうちに
結果として自然に DX が実現できたというところである。

Ⅲ　DX にあたり工夫した（している）点

1　DX が可能なお客様にターゲットを絞る

　私は DX の入口から整備をしている。つまり，DX が可能なお客
様に依頼してもらえるように，HP やブログで発信をしている。
　具体的には，次のとおりである。
　○目指すべき世界（自社で数値の主導権を握ること）を明らかに
　　している
　○「クラウド会計専門」を名乗る
　○紙・電話・FAX を利用しないことを明記
　○ DX 関連記事（クラウド会計，Excel，プログラミング，
　　RPA）の積極的な発信を行い，ターゲットを絞っている。
　ひとり事務所だからこそできることかもしれないが，今のところ
ターゲットに合った顧客に依頼していただいている。最初は広く間
口をとっておいて，後から DX を進めるよりはずっと効率的で，労
力も少なくて済む。

2　顧客とのコミュニケーションを丁寧に行う

　DX を進めるにあたってコミュニケーションはより丁寧に行う必
要がある。前述したとおり，私が目指している世界は顧客自身が数
値の主導権を握ることである。したがって，数値を作るのはあくま
で顧客というスタンスは崩さない。当然，記帳やソフトの操作など
で質問は多くなるが，その対応を丁寧に行っている。代行するより
も時に大変ではあるが，DX を実現するためには「教える」スキル

が非常に大切であると考えている。

　また，デジタル社会におけるコミュニケーションは「テキスト」が中心なので，より慎重に行うべきだ。例えば，電話ではその場の雰囲気が伝わるが，テキストでは伝わらない。書き方が少しきついだけでも印象がガラッと変わってしまうので，言葉遣いには気をつけている。チャットでは用件から入る場合もあるが，基本的にはメール中心で，丁寧なやり取りを心がけている。

Ⅳ　関与先の DX 事例

　実際の関与先の DX 事例として，従業員数十名規模の中小企業を例に挙げる（**図表－ 1 参照**）。

●図表－ 1　従業員数十名規模の中小企業の DX 事例

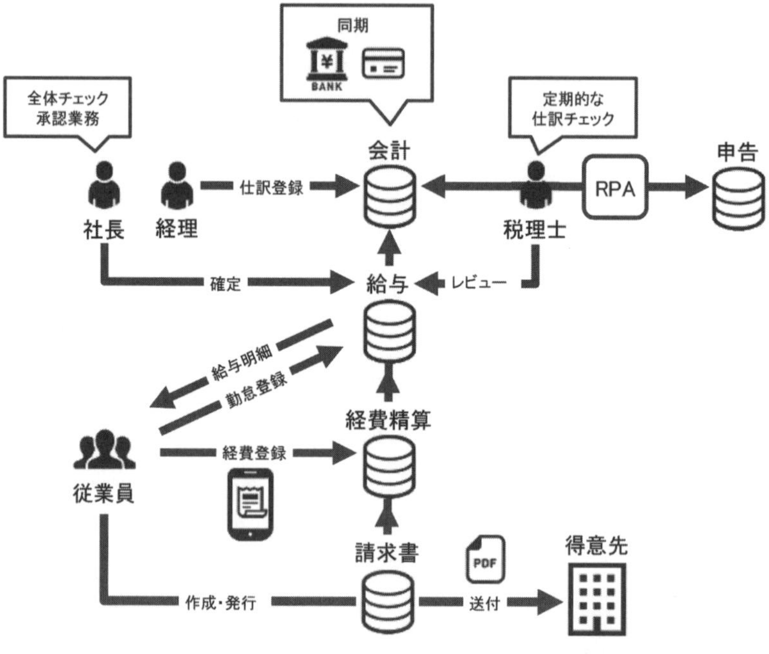

1　全体の運用

　クラウド会計ソフトを利用しているため，数値はリアルタイムで共有が可能である。経費精算・給与計算・請求書作成ソフトが紐付いており，すべて会計に連動している。経理担当が外部から取り込んだデータ（銀行口座，クレジットカード）を確認して登録し，社長が数値の全体チェックを，税理士が定期的な仕訳チェックをしている。

2　給与計算

　従業員がクラウド給与計算ソフトに勤怠を入力した上で税理士がレビューを行い，社長が確定している。確定が行われると，従業員にメールで給与明細の送付が行われ，同時に会計ソフトにも仕訳が登録される。社会保険関係の届出，年末調整もすべてクラウド給与計算ソフト上で行うことが可能である。

3　経費精算

　従業員がスマホ等で撮影した領収書をクラウド経費精算ソフト上にアップロード・申請し，社長がデータを確認の上承認している。承認が行われると，自動的に給与計算ソフトに取り込まれ，支払処理に回される。会計ソフトにも自動的に経費が登録される。

4　請求書作成

　従業員はクラウド請求書ソフトで，請求書を作成・発行する。作成された請求書は，クラウド請求書ソフト上から顧客へ PDF で送信ができる。同時に，売上データがクラウド会計ソフトに登録される。レポートにも「未入金の売掛金」として登録されるため，債権管理もスムーズだ。

5　申告書作成

　会計ソフトと申告ソフトが連動していないため，税理士側で RPA 等を使って転記作業を効率化している（例えば事業概況説明書，勘定科目内訳明細書など）。

6　その他

　普段の情報共有はクラウドストレージにて行っている。毎月の源泉所得税，住民税の納付は税理士が納付情報を RPA で作成して関与先に送付し，電子納税をお願いしている。

　以上のとおり，クラウド会計ソフトを中心に，給与計算，経費精算，請求書作成等の業務がすべてデータで連動されているため，リアルタイムで数値の把握が可能な状況である。これに加えてどうしてもデータ連動できない部分については RPA を活用することにより効率化を図っている。日常的な業務が半自動的に回る仕組みであるため，社長とのコミュニケーションなど，より大事なことに時間を費やせる余裕ができている。

Ⅴ　今後の課題と展望

1　DX という言葉にこだわらずに

　本稿のテーマは DX であるが，DX という言葉はひとまず脇に置き，税理士事務所の「目指すべき世界」を明らかにすることが先と考えている。それが明らかでない限り，「DX」という言葉だけが先走ってしまい，IT を導入しただけで終わりになってしまう可能性がある。

　したがって，「DX」という言葉にこだわらずに「目指すべき世界のために，必要な改革はなにか？」という命題から入っていくことが大事だ。場合によっては，DX を進めなくても，ちょっとした意識改革（例：そもそも必要のない業務をやめるなど）だけで解決できてしまうケースもあると考えている。

2　電子インボイスに向けて DX を進める

　令和 5（2023）年 10 月から始まるインボイス制度は，消費税の大改正といえるものである。ただでさえ令和 2（2020）年から始まった軽減税率，区分記載請求書等保存方式によって中小企業の負担が増加している中で，さらなる負担が懸念される。

　そこで，期待されるのが「電子インボイス」と考えている。電子インボイスとは，インボイス制度で発行が義務付けられるインボイス（適格請求書）の作成を電子的に行う方法である。近年相次いで改正が行われている電子帳簿保存法も，電子インボイスを見据えた改正であると考えられる。インボイスの発行・受領を電子で行うことができれば，特に人的リソースの足りない中小企業の負担が大幅に軽減されるはずだ。

　電子インボイスを導入するには，今から DX を進めておくことが大切だ。すなわち，紙の発行されない電子取引を行い，受け取ったデータをデータのまま保存する仕事のやり方に今から慣れておくのだ。例えば，DX 事例で紹介したとおり，請求書の発行を電子に切り替える方法がある。もちろん，電子帳簿保存法の理解も必要になる。税理士みずから，インボイスの電子化に取り組むことにより，顧客への導入もスムーズになるのではないか。まだインボイス制度が始まるまでに時間があるので，できるところからはじめていくことが大事だ。

事務所プロフィール

① **事務所名**：戸村涼子税理士事務所
② **所　在　地**：神奈川県横浜市
③ **設　立　年**：平成28（2016）年
④ **所　員　数**：1名
⑤ **事務所の特色**

　　スタートアップの中小企業・フリーランスをターゲットに、クラウド会計を使って税務サポートをしている。得意分野は、デジタル取引、海外取引、暗号資産、非居住者の税務など。ペーパーレス、RPAなど業務効率化にも積極的に取り組む。

　　「代行」ではなく「サポート」を重視している。そのため記帳代行は行わず、クライアントが自力で申告まで行うコンサルティングも行っている。

　　HP、ブログ、メルマガ、書籍で積極的に発信も行う。

⑥ **連　絡　先**

　　https://tomurazeirishi.com/

❸

クラウド会計をいち早く導入，「つながる」システムを構築

志磨宏彦税理士事務所

❖Point❖ //

❶ 税理士事務所にとっての DX 化は，業務の革命と言っても過言ではない。記帳代行業務に別れを告げ，コンサルティング業務に磨きをかけるべきである。

❷ 税理士事務所における DX 化の中核は「クラウド会計」の導入である。クラウド会計の導入なしに DX 化はあり得ない。

❸ クラウド会計は会計の素人でも経理業務ができるようになっている。クライアントに積極的に導入を勧め，事務所の労働環境の改善を図るべきである。

❹ データの送受信には，電子メールからクラウドを活用したファイルの転送，共有へ移行すべきである。そして紙の申告書からPDF へ移行するとよい。

❺ 会計のクラウド化の次は給与計算，経費精算，勤怠管理にも広げ，クライアントの DX 化のサポートをすべきである。

Ⅰ　積極的なDX化が望まれる税理士業界

　2014年，オックスフォード大学のマイケル・オズボーン准教授が発表した論文「雇用の未来」が指摘している「AIによって10年後になくなる仕事」は，税理士業界に大きな衝撃を与えた。なくなる確率の高い順で8位に「税務申告書類作成者」，12位に「データ入力係」がランクインしたからである。イギリスと日本とでは税制やさまざまな制度が異なるので，一概に日本でこのような地殻変動が彼の予想どおりに起きるとは考えにくいが，以前からの事務代行業からの脱皮は税理士業界の今後の課題と認識されていた。

　以後，業界内では事務所業務のRPA化，AI化への取組みは大手税理士法人を中心に進めて来ており，また国税庁のe-Taxの推進によって，事務所の電子化はかなり進んできたといえよう。

　しかし，税務申告業務の電子化が進んだものの，申告書類作成の前段階である，会計業務については，会計ソフトの導入が当たり前になったとはいえ，データ入力業務は手作業中心で，効率化の面では非常に遅れている。

　一方，昨年の新型コロナウイルスによる特別定額給付金の支給事務によって，日本のIT化，デジタル化の遅れが露呈した。そのため，菅政権では「デジタル庁」の創設を公約に掲げ，日本のデジタル化の遅れを取り戻そうと，ようやくスイッチを入れたところである。この流れに沿うように，経済界ではDX（デジタルトランスフォーメーション）の推進が叫ばれ，各業界で取組みが進んでいる。税理士業界も例外ではなく，なくなる仕事にならないためにも，積極的なDX化が望まれるのである。

Ⅱ 当事務所における DX の現況

　最近，我々の周りで盛んにいわれている DX であるが，これは単なる IT 化，自動化を示すものではない。業界によって解釈が異なると考えられるが，一般に「IT 化によって競争力を高め，生産性の向上，効率化，省人化，労働時間の削減をもたらすもの」といわれている。税理士業界では，具体的に言うと「クラウド会計を核とした自動化，自計化によって生産性の向上を図り，コンサルティング能力を高める」といった具合ではないだろうか。

1 クラウド会計の導入状況

　当事務所では，平成 27（2015）年からクラウド会計を導入し，シームレスな自計化を進めている。クラウド会計が持つポテンシャルは相当なもので，すべての機能を使い切っているとはいいがたいが，学習機能はかなり高度で，地代家賃のような固定費の支払，請求書発行から売掛金の消込みなど，繰り返す取引は自動で入力が可能である。したがって，最初の設定をしっかりやりさえすれば，経理に詳しくないクライアントでも，自計化は十分可能である。

2 申告業務は 90%以上電子化

　当事務所も法人・個人は e-Tax の利用で 100％電子申告となっている。まだ，相続税については電子化されていないが，添付書類の PDF 化を進めて年内には電子化の予定である。なお，クラウド会計 freee は「申告 freee」にて，会計から申告まで一気通貫で対応しているが，使い勝手でやや問題があるので，現状ではクラウド会計から「申告の達人」がデータを吸い上げて対応している。

3　周辺業務のDX化

１　報酬の口座振替

毎月の報酬を請求書発行で対応していては非常に煩雑になるので，開業当初から日税ビジネスサービスの「報酬自動支払制度」を利用している。

２　電子署名の導入

昨年来，押印廃止が叫ばれるようになり，請求書や契約書への押印廃止，電子署名の利用が加速している。当事務所でも2021年より電子署名の導入を図り，現在進めているところである。

３　クラウド上でデータの保存・交換

すでにGoogleDriveを利用して，パソコンのハードディスク以外にデータの保存を行っているが，クライアントの数が増えてくると，使い勝手に問題が生じたので，2021年からトライポッドワークス社のGIGAPODSを導入した。GIGAPODSを利用すれば，当事務所とクライアント間でメールのやり取りが不要で，ファイルの重たさに関係なく，データのやり取りが可能である。

また，クラウドなので，ウイルスに感染するリスクが少なく安全性が高い。また，個人情報保護の観点からも理想といえるだろう。

４　日常のコミュニケーション

また，会計のみならず，クライアントとのコミュニケーションに早くからLINEを活用している。LINEの利用は，訪問アポイント，さまざまな相談業務，各種データファイルの送受信等，利用範囲は多岐にわたる。そのおかげでFAXはほとんど利用せず，移動時間などに連絡ができるため，事務所内での電話の利用も格段に減った。

Ⅲ DXに取り組み始めるようになったきっかけ

　当事務所は創業当初から屋号に「会計」を入れずに,基本方針を「自計化の推進」としてきた。すなわち,経理業務はクライアントの担当で税務代理,各種コンサルティングが税理士の担当という棲み分けである。創業当初に関わったあるベンダーが提供するシステムがこの方針に合致しており,ネットを通して顧客が経理処理,当事務所が監査と決算書作成から申告までというスタイルでクライアントを拡大してきた。しかし,導入当初（平成18（2006）年）のネット環境では不具合が多く,仕方なくそのシステムをあきらめ,しばらくは最も使いやすく,普及している「弥生会計」と,申告書作成は「達人」という組合せに移行した。

　しかし,弥生会計は非常に安定して好評ではあるが,ファイルが複製できることから,クライアントと事務所間のやり取りでミスが生じることがあり,限界を感じることがあった。

　このような状況下で,平成25（2013）年に現れたクラウド会計は誠に画期的であった。クラウド会計は,ひとつのアカウントに会計ファイルは一つであり,ブラウザ上で動かすので会計ソフトをインストール必要がなく,しかも,いつでも,どこでも,ハードウエアを選ばず（MACでもタブレットでもスマホでも）,自分のパソコンがクラッシュしてもデータは消えないなど,理想的な会計システムである。特に威力を発揮するのは,複数の事業所がある場合である。各事業所で入力すれば,リアルタイムで全体の業績がつかめることである。こうすれば本社の経理部門の業務がかなり軽減されるだけでなく,経営の意思決定のスピードアップにつながるはずである。

　当事務所は,最初はクラウド会計については懐疑的で模様眺めで

あったが，徐々に浸透するにつれてクラウド会計の将来性を確信し，平成27(2015)年にfreeeを導入，追加で令和元(2019)年にマネーフォワードを導入し，現在に至っている。

●図表－1　クラウド会計のイメージ

クラウド会計のデータセンター

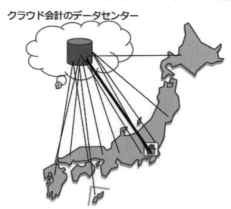

各事業所で入力，本社でチェックすることで，リアルタイムな会計情報の入手が可能。

Ⅳ　DX に取り組むにあたり 工夫した（している）点

　DX化は当事務所に効率化，省人化をもたらすが，クライアントの協力なしに進めることは不可能である。零細，中小企業のクライアントの場合，税理士に対して「おんぶにだっこ」という意識が強く，いわば丸投げが常識と考える向きが多い。これは長らく当業界の慣習的なビジネスモデルであり，税理士の専門業務とはかけ離れた事務代行業という位置づけである。しかし，パソコンの普及に伴って，会計ソフトが身近な存在になってくると，形式的な毎月訪問で顧問料を稼ぐという方法に疑問を抱く経営者が増加し，税理士報酬規程が廃止された平成14（2002）年以降は，月額顧問料の妥当性が問われるようになった。

　当事務所では，創業当初から事務代行業に否定的で，自計化を進めるとともに，そのインセンティブとして，月額の顧問料を低く抑えることで，クライアントの獲得をしてきた。

　ところで，クライアントの協力を得るには，上記の顧問料の低減が最も説得力があるが，これ以外にも，会計ソフトの使用を二人三脚でマスターしてもらったり，ソフトを使いやすいように初期設定したりして，なるべく労力をかけないように経理処理してもらうように工夫している。

1　クラウド会計を進める場合

　クラウド会計を進める場合，メリット，デメリットを最初にきちんと説明しておくことがポイントとなる。ちなみに，クラウド会計のメリットは，

①　Windows 以外のパソコン，タブレット，スマホでも対応する。

②　いつでもどこでも作業が可能。

③　データの安全性が高い。すなわち，ウイルス対策が万全で，自分のパソコンがクラッシュしてもデータが壊れる心配がない。

④　常に新しいバージョンなので，バージョン変更の都度，買い直す必要がない。

⑤　拠点が複数ある場合には，データの共有化が容易である。

⑥　外部連携を利用すれば，銀行通帳のデータやクレジットカード明細などを自動で取り込むことができる。

⑦　経営分析ツールが標準装備されているので，クライアントの会社の資金繰り，経営状態を把握することが容易である。

しかし，一方で以下のようなデメリットも存在する。

①　ブラウザ上で処理するので，ネット環境が悪いと，入力に時

間がかかることがある。

② 　買取り版の会計ソフトと違って，毎年使用料を払う必要がある。

③ 　銀行口座の連携は非常に便利な機能だが，銀行側がセキュリティ確保の観点からパスワード設定を変更することが多く，その都度クライアントも設定変更の必要がある。また，銀行口座を連携させるには，ネットバンキングにする必要があり，毎月2,000～3,000円の手数料がかかることを確認しておく必要がある。

④ 　既存の会計ソフトに慣れている人にとっては，最初は使いづらい面が多々あり，慣れるまでに少々時間がかかる。

以上のような説明をした上で，クラウド会計の導入を支援することになる。重要なのは，クラウド会計を導入することによって，顧問料が安くなるだけでなく，クライアント側にはクラウド会計によって経営資料（試算表，資金繰り表，入出金管理）が容易に入手できることを強調すべきである。

2　コミュニケーション・ツール

LINEの利用は，当然クライアント側にもメリットが大きい。FAX，電話からLINEに移行すれば，いつでも（夜中でも），どこでも（電車の中でも）連絡が可能で，しかも文字で見える化できるので，過去のやり取りを残すことができる。また，既読か否かが分かるので，お互いの反応をみることができる。

LINEはセキュリティの問題があったとはいえ，今では行政までもが利用する国民アプリであり，LINEによる連絡はクライアントの承諾が得られやすい。なお，LINEのファイル添付機能，受信したトークに直接返信するリプライ機能は，わりと知られていないので，使い方を示しておくと非常に便利である。

Ⅴ 関与先企業へのDXの普及状況

　当事務所では4割に当たる約40社がクラウド会計を利用している。クライアントの多くは創業まもない企業が多く，比較的若い経営者が多いので，クラウド会計を利用した自計化については，抵抗がなかったようである。理想は，これらのクライアントがリアルタイムに経理処理を行って，毎月初には前月の試算表が出る状態である。

　しかし，実際にはそうはうまく行かず，遅れがちであることは否めない。銀行通帳やカード明細は気持ちいいようにリアルタイムでクラウド会計に取り込めるが，現金取引や振替伝票などは手入力になる部分が残っていて，遅れの原因となる。なるべくテンプレート化して，クライアントの負担を和らげる必要がある。当事務所では，自計化しているクライアントには毎月訪問の契約をしていないケースが多いので，訪問時に手入力のお手伝いをするようにしている。

　次に，前述のLINEの普及状況は約80％であり，LINEを日頃のコミュニケーション・ツールとして活用している。LINEを使えば，簡単な連絡程度はリアルタイムに行うことができるし，いわゆる「言った，言わない」「聞いた，聞かない」等のトラブルも防げるので，業務には欠かせないツールとなっている。

　また，前述の「報酬自動支払制度」においては，法人契約の場合，ほぼ100％利用している。クライアント数が多くなってくると，請求書の発行は非常に煩雑となり，現状の事務量から見ると，到底毎月こなせるものではない。クライアントにとっても，顧問料振込作業から解放され，しかも振込手数料がなくなるという点でメリットが多い。

　最後に，データをやり取りするGIGA-PODSであるが，現在

本格稼働に向けて試験段階である。現状では決算書，申告書の控えは紙ベースで渡しているが，今後は積極的に PDF 化を図って，GIGAPODS にてお渡ししていくようにしたい。

　令和3（2021）年度の税制改正によって電子帳簿の保存が大幅に緩和されることになる。この機会にクラウド上に税務書類を一括で保存し，クライアントからも自由に閲覧できる仕組みに移行する予定である。こうすれば，クライアントが必要な時に決算書や申告書，試算表等をダウンロードできるようになり，双方にとって時間の節約になるはずである。

Ⅵ　今後の課題と展望

1　クラウド会計の次は

　現状の DX 化はクラウド会計を中核とするものであるが，これが第一ステージとするならば，筆者は第二ステージはあらゆる会計情報が自動化されると予想する。例えば，現金の入出金伝票の自動化である。これからは領収書に QR コードが必須となり，その QR コードを連続スキャナで読み取ることで，自動化を達成できる。

　今後，インボイス制になって，課税仕入れの計上が厳格になっていくと，これまでのような手作業では煩雑すぎて，事務所が悲鳴を上げることは想像に難くない。現時点でさえ，軽減税率の導入で事務量が増加しているのに，インボイス番号の記帳は限界を超えるはずである。インボイス制が正式に導入される令和5年10月までには，このような自動化を進める必要があるだろう。

　また，QR コードよりももっと進化した形で予想すると「電子領収書」が挙げられる。現在，さまざまなキャッシュレス決済が存在するが，今後はある程度絞り込まれ，業界標準のようなものが登場

し，スマホ等で決裁した領収書がクラウド会計と同期して，日々の取引を自動化するようになるだろう。

　このような時代になると，もはや記帳代行業務は過去のものとなり，事務所職員はルーティン業務から解放され，付加価値のある業務に専念することが可能となるだろう。

2　DX化の先は

　ひととおりDX化が一段落したら，税理士本来の税務相談，コンサルティング業務を強化すべきである。昨年はコロナ禍の影響で，各給付金，補助金，融資の相談が一気に増えた。給付金は特に専門的な知識を要求されるわけではないので，クライアントが書類を準備することはさほど困難ではない。

　しかし，家賃支援給付金のケースは，かなり細かい部分まで給付要件を指摘されたので，当事務所によるサポートは非常に喜ばれた。このような緊急事態で，我々が頼りにされたことは，税理士冥利につきるものである。反面，3月に始まった一時支援金の事前確認作業については，他の事務所の関与先が当事務所に駆け込んで来られたことは嘆かわしいと感じた。

3　令和3（2021）年はチャンス到来

　今年は税理士業界にとって，DX元年と呼ばれると思う。時流はDX化の方向へ間違いなく突き進む。既述の電子帳簿保存制度の緩和に続き，税務関係書類の押印義務の廃止が令和3（2021）年度の税制改正に盛り込まれ，DX投資促進税制の創設などもスタートする。この流れをチャンスと捉えて，クライアントと二人三脚でDX化の推進を図り，お互いの生産性を向上させていくべきである。この流れに乗り遅れたら，事務所の維持は困難と言っても過言ではないだろう。

事務所プロフィール

① **事務所名**：志磨税務経営事務所

② **所 在 地**：東京都渋谷区代々木1－51－14

③ **設 立 年**：平成12（2000）年

④ **所 員 数**：2名

⑤ **事務所の特色**

　　経営コンサルタント（中小企業診断士）出身の税理士です。開業当初から「税務経営事務所」を名乗り、会計業務よりもコンサルティング業務を重点に、経営管理、資金繰り、補助金、節税、マーケティング、創業支援などのサービスを提供してきました。他士業との連携も充実しており、ワンストップサービスも好評を博しています。今後はクライアントのＤＸ化に注力して参ります。

⑥ **連 絡 先**

　　メールアドレス　main@shima-ta.jp

　　電 話 番 号　03-5333-4774

第3章

漸進するDX

4

「スモール DX」という コンセプトで所内外の DX を推進

税理士法人福島会計

❖Point❖ ///

❶ まず自分たち自身が身近なところから DX に着手することが現実的である。

❷ 職員の DX に対するハードルが下がることで，小さな成功体験を積み重ねることができ，DX の定着が促進される。

❸ これによって職員一人ひとりのクライアントの DX 支援に対する意識も高まり，実際の支援につなげることができる。

❹ クラウド会計をより効率的に運用するために重要なことは資料のデータ化である。

Ⅰ スモール DX という考え方

当税理士法人では，今後の税理士事務所のあり方として，クライアントの DX 支援は避けて通れないと考えている。DX は経営の見える化を実現し，クライアントの成長につなげることができるからである。そのためにも，まず自分たち自身が身近なところから DX に着手することが現実的と考えている。

当税理士法人では，IT 専任担当は置いておらず，汎用性のあるツールの標準機能の範囲，できるだけ自分たちだけで対応可能な範囲で，少しずつ DX を進めてきた。いうなれば「スモール DX」である。

「スモール DX」というコンセプトで進めることで，IT 専任担当の確保という制約を受けず，システム導入のイニシャルコストも抑えられるが，狙いはそれだけではない。所内職員の DX に対するハードルが下がることで，小さな成功体験を積み重ねることができ，DX の定着が促進されるのである。

これによって職員一人ひとりのクライアントの DX 支援に対する意識も高まり，実際の支援につなげることができるのである。

当税理士法人では，DX を活用することで，クライアントの成長に貢献し，それによりスタッフ一人ひとりが輝くことを目指している。

Ⅱ　サービスの２本柱

当税理士法人は「新しい時代を生き抜く経営者のパートナー〜 Always By Your Side 〜」をコーポレートメッセージに掲げている。経営計画の策定と運用支援を強みとしており，経営者の参謀として経営を共に考える経営管理支援サービス「ナビゲーション経営」を展開している。

また，業界の中でもいち早くウェブサイトを開設，特に急速に浸透したクラウド会計ソフトをいち早く導入するなど，積極的に IT の活用を進めてきた。その強みを活かし，クライアントの DX を支援するサービス「スマートオフィス」を展開，業務効率の改善と経営の見える化を実現している。

●図表－1　スモール DX の流れ

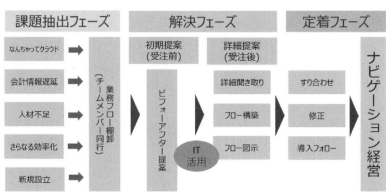

　これら「ナビゲーション経営」と「スマートオフィス」の2本のサービスを柱に「経営支援型の DX 会計事務所」として活動している。

Ⅲ　DX に取り組み始めたきっかけ

　まず，税理士事務所における DX といえば，クラウド会計が象徴的といえる。当税理士法人では，小笠原諸島など遠方に所在するクライアントもあるが，日頃から訪問することが難しかったこともあり，平成15（2003）年に当時まだ珍しかったクラウド会計を初めて導入した。やがて平成23（2011）年頃から freee やマネーフォワードなどがリリースされ，本格的にクラウド会計黎明期を迎えた。当初は決算書も出力できないなど機能が乏しく，戸惑うことも多かったが，将来性に着目し，徐々に導入を進めた。クラウド会計の導入を皮切りに，勤怠管理や給与計算など会計周辺ツールから，ナレッジマネジメントツールやコミュニケーションツール，そして電子契約まで，幅広くクラウド系ツールを導入し，着実に DX を進めてきた。

　また，広く世間一般的に DX といえば，テレワークが一つのシー

ンとして想定されるようになってきている。当税理士法人では平成29（2017）年前後に，女性スタッフ3人がほぼ同じ時期に妊娠出産を迎えた時期があった。すでに働き方改革が叫ばれていた背景もあり，労働力確保も大きな課題であったことから，助成金を活用しながらリモート接続環境を整え，多様な働き方を可能にした。これにより育休明けに子育てをしながらの自宅での就業を可能にし，先ほどの3人の女性スタッフは引き続き活躍してもらうことができている。

　これらの基盤があったことにより，令和2（2020）年からの新型コロナウイルスの感染拡大に際しても，比較的スムーズにテレワーク体制に移行することができ，現在もさらに DX を推し進めている。

Ⅳ　スモール DX の実践

　当税理士法人の DX への取組みを，会計業務，社内管理，そしてクライアントの DX 支援の3つに分けて紹介する。

1　会計業務における DX

　クラウド会計をより効率的に運用するために重要なことは，資料のデータ化である。これまでクラウド会計の導入に合わせ，勤怠管理や給与計算，請求書発行，経費精算などの周辺ツールについても，導入と連携を進めてきた。しかし，クライアントの状況やレベル感もまちまちであり，ツール連携が不十分なクライアントも多い。PDF 形式や CSV 形式などの電子データで会計資料を入手することも増えてきてはいるが，依然として資料の大半が紙のままである。せっかくのクラウド会計も，資料がアナログでは，そのポテンシャルを十分に発揮できない。

　そこで当税理士法人では，クライアントの理解と協力を仰ぎながら，会計資料の収集方法を見直している。まず，これまで手書きで作成していた帳簿類を表計算ソフト，それも可能であればグーグルスプレッドシートのようなクラウド系のソフトで入力してもらう。そして，請求書や領収書はスキャナなどでPDFデータとして電子化してもらい，従来の郵送による方法ではなく，当社の提供するクラウドストレージ内の指定フォルダ内に格納してもらう。

　このように，できるだけアナログデータを電子データとして入手するように取り組んでいる。

　さて，入手した電子データも，さらに加工が必要である。表計算ソフトのデータとして入手した資料は，一部を加工すればそのまま会計ソフトにインポートすることができる。しかし領収書や請求書などのPDFデータはさらに加工が必要となる。そこでこれらの電子データを外部のサービスや人材を活用して二次加工を行い，会計ソフトにインポートするのである。資料を電子データ化しているため，アウトソーシングも容易なのである。

　以上のように，会計資料のデータ化によりデジタルでの業務の流れを確立するなど，税務会計業務のDXを推進している。これにより，迅速な月次決算と業務効率化の両立を実現しているのである。

2　社内管理におけるDX

　2つ目が社内管理におけるDXの取組みである。社内管理については，さらに2つのカテゴリーに分けて紹介したい。

　まず1つ目は業務管理である。

　当税理士法人では，以前からグループウェアシステムに名南経営のMyKomonを採用しており，その標準機能を活用して顧客管理や業務管理を行ってきた。MyKomonは優秀なシステムであり，他の事務所以上に有効活用している自負がある。しかし，税理士事

務所の所内体制は各所各様であり，既存システムの標準機能は自社の組織体制や業務フローには必ずしも最適とはいえない。かといってSalesforceやkintoneなどカスタイマイズ性の高いシステムを導入するハードルは高い。

●図表－2　スプレッドシート

そこでグーグルスプレッドシートを活用して業務管理を行うこととした。メンバー全員が同時にアクセスし，同時編集できるグーグルスプレッドシートの特長を利用するのである。具体的には，日々の業務をスプレッドシートに登録し，さらに進捗状況を随時更新させ，全員で共有するのである。これにより，各々の負荷状況を見ながらの作業者の割り振り，進捗状況の確認，予定工数と実際工数の差異確認など，日々の業務の状況が把握できるようになるのである。

なお，グーグルスプレッドシートは所内の各種申請手続にも活用しており，いまや紙の申請書類はゼロである。このようにグーグルスプレッドシートはペーパーレスの推進にも大きく寄与している。

　ただ，既存のグループウェアとの連携はできず，また情報が分散するリスクもあるため，アナログ的な手法で補完せざるを得ないし，ルールの徹底が不可欠である。しかし，カスタマイズが容易であり，社内工程が変更した場合の修正も迅速に対応可能である。スタッフへの教育も最低限で済み，コストも低く抑えられる。自社の導入ハードル，運用ハードルを下げることは，DXの推進において重要なことだと考えている。

　次に2つ目が働き方改革である。

　前述のとおり当税理士法人では平成29（2017）年前後からテレワークが可能な体制を整えていたため，令和2（2020）年4月に緊急事態宣言が発令された際には，速やかにテレワーク体制へ移行することができた。当初はリモート接続用のPCが不足していたため，一部はリモートデスクトップ機能を活用してしのぐこととなったが，すぐに助成金を活用して全員分の端末を確保した。以後も市中の感染状況や業務の繁閑を見ながら，テレワーク勤務体制を継続している。なお，テレワークでは業務効率の低下が大きな課題ではあるが，なるべく作業効率を維持できるよう各自に拡張用のモニタディスプレイを支給している。

　テレワークが社内人材における働き方改革の柱だとしたら，クラウドワーカーの活用は社外人材における働き方改革の柱である。会計業界に限らず労働力人口の不足は社会的にも大きな問題であり，当税理士法人にとっても悩みの種である。そこで着目したのがクラウドワーカーである。

　会計業務におけるDXのパートで紹介したとおり，会計情報を電子データとして入手しても，PDFデータのように二次加工を要するものが残る。この二次加工においてクラウドワーカーを活用するのである。

　クラウドワーカーに依頼するのは，領収書の束や手書きの現金出

納帳の PDF を見ながら，当社所定の表計算ソフトに入力しなおす作業である。このようにシンプルな業務はクラウドワーカーが得意とするものであり，また社内のスタッフから解放したい業務でもある。

なお，クラウドワーカーを活用する基盤として，チャットツールとクラウドストレージでコミュニケーションプラットフォームを整えることで，資料と成果物の円滑かつ安全確実な受渡しが可能となっている。

3　クライアントの DX 支援

税務会計の DX と密接に関連するのが，クライアントの DX である。前述のとおり，当税理士法人ではクライアントのスモール DX を支援する「スマートオフィス」というサービスを推進している。

経営に役立つ会計情報を適時適切にアウトプットするためには，正確な情報を素早く入手することが求められる。そのためには，バックオフィスの業務フローを最適化し，また会計資料もできるだけ電子データとして入手することが望ましい。しかし多くのクライアントが不十分な体制であるため，これまでのノウハウを活かし積極的に DX 支援を行っている。

支援の流れとしては，現状の把握，分析と診断，業務フローの改善，ツールの選定と導入，環境設定，運用指導，アフターサポート，となる。

実際の支援の具体例としては，クラウド会計とその付帯機能の導入，勤怠管理や給与計算システムの導入，クラウドストレージとスプレッドシートを活用したペーパーレスと情報共有の仕組みの整備，表計算ソフトの集計ツール作成支援などである。

やみくもにツールの導入を推奨するのではなく，きちんとクライアントの業務フローを分析し，ボトルネックを把握し，場合によっ

てはあえてアナログ要素を残すことも必要である。ツールの導入により，かえって効率が低下するケースもあるため，あえて従来の方法に戻すという判断も必要である。

　そもそも，なぜ当税理士法人がクライアントのDXを支援するのかといえば，その先の経営コンサルティングにつなげていきたいという狙いがあるからである。経営コンサルティングは，会社のビジョンや方針を取り入れた中長期の経営計画書の作成，単年度計画への落とし込み，予実分析などが挙げられるが，そのサービスを提供するには，大前提として会社の数字がタイムリーに把握できる基盤が必要である。その仕組みをつくることが強い会社を作るための第一歩と考えている。

　つまり，DX支援サービス「スマートオフィス」は入口であり，経営コンサルティングサービス「ナビゲーション経営」を出口と位置付けているのである。経営計画や予実管理を含め，長期的に経営支援を行うことで，お客様の成長を促し，同時に事務所の成長，さらにはスタッフ一人ひとりの成長につなげていくことが狙いである。

　以上のように，当社では中核業務である税務会計，そしてその業務を支える社内の業務フロー，さらにクライアントのDXを進めることで，税理士業務をデジタルで一気通貫できるよう取り組んでいる。

Ⅴ　DX推進のポイント

　冒頭に述べたとおり，当税理士法人では「スモールDX」というコンセプトで所内外のDXを推進している。DXを大仰にとらえず，日々の業務の小さな変革から着手し，小さな成功体験を積み重ねることで，おのずと意識の変革と文化の醸成が進むからである。

　そのためには，大企業のようにいきなり高価な基幹システムを導入するのではなく，まずは安価なクラウド系ツールを活用することから始めることである。システム開発においては，高額なコストを投じたが失敗した，という例は枚挙に暇がない。中小企業は，そんなリスクをおかさなくても，安価なクラウド系ツールをうまく組み合わせるだけでも，DX を実現する余地が十分ある。情報の分散やツール間連携などの課題は残るが，汎用性が高く，使い勝手の良いツールを採用することで導入のハードルを下げることが最優先である。簡単に使うことができ，その効用を感じてもらうことが，システム導入の成功にとって最も重要なのである。また，安価なツールであれば，導入が失敗したときの損害も軽微で済む。

　このように，小さく始める DX，いわば「スモール DX」というコンセプトで取り組むことで，経営資源の乏しい小規模な組織でも DX の実現は可能になる。

　いざ DX を進めていくとコミュニケーションが簡素化，希薄化しがちであるため，社内外に限らず，コミュニケーションの活性化に配慮する必要がある。その対策にもクラウドツールを有効に活用している。

　まず，社内コミュニケーションにおいては，スタッフ相互のリレーションシップに気を配る必要がある。当税理士法人では，毎朝1時間，全員参加で Zoom をつなぎっぱなしにする「もくもくタイム」を設けている。特に議題は設けず，ただ接続したままにして，メンバーがもくもくと仕事をしつつも，オフィスにいるときのように，自由に会話もできるようにするのである。

　その他にも OKWAVE GRATICA のサンクスカードサービスを利用しており，普段からお互いが感謝の気持ちを伝え合う機会を設けている。感謝の数が多いスタッフを表彰する制度も設け，積極的な活用を促している。これらの取組みによって，スタッフ間の良好

なリレーションの維持に努めている。

　また，社外コミュニケーションにおいては，対面でのコミュニケーションの機会の減少を補うため，これまで以上に接点を増やすことに腐心している。Zoomの活用はもちろん，特にチャットツールを有効活用している。チャットツールは電子メールや電話などに比べ，気軽にクライアントとコンタクトできるため，クライアントとの接点を増やすには最適である。当税理士法人ではチャットワークを使用しており，全てのクライアントにチャットワークでのコンタクトを依頼している。

　また，当税理士法人ではメルマガの配信などは行ってはいないが，情報発信を兼ね，代表からの電子メールにてクライアントへ応援メッセージを定期的に送信している。

　このように，DXで課題になりがちなコミュニケーションの問題についても，クラウドツールをフル活用し，スタッフ相互の関係性の維持，そして顧客との接点の増加に努めている。

Ⅵ　今後の展望

　当税理士法人は職員20名ほどの小規模の組織であるが，身の丈に合わせ着実にDXを進めてくることができている。しかし，まだ道半ばであり，まだまだ変革の余地は大きいと考えている。今後も次のような方向性で積極的にDXに取り組んでいく所存である。

1　社内のDXの推進

　これまで，各種のクラウドツールの標準機能を活用して所内業務の効率化に取り組んできたことで，業務フローと運用ルールも整ってきた。今後は各ツールに分散しているデータの統合と，より効率的な運用を目指し，いよいよ標準ツールからステップアップし，

kintone の導入に向けて準備を進めている。

2 働き方における DX の推進

働き方改革，そして労働力の確保という観点から，場所や時間に縛られない働き方を整えることは，事業を継続していくうえで欠かせない要件だと考えている。現在トライアルしているクラウドワーカーの活用ノウハウをさらに蓄積し，雇用形態の多様化を進めていく。また，現在はクラウドワーカーにシンプルな作業だけを依頼しているが，より高度な業務が依頼できるような仕組みを構築し，地方に潜在している優秀な人材の活用を目指していく。

3 クライアントにおける DX の推進

世の中のデジタル化が進む中，中小企業にとって DX の成否が経営上の鍵になりつつある。中小企業の DX を担うのは，システムベンダーではなく，クライアントの身近に寄り添い，ビジネスモデルから業務フローまで深く理解している税理士事務所こそ適任であると考えている。その使命感を持ち，より積極的にクライアントの DX 支援サービスを推進していく。

4 税理士業界における DX の推進

税理士業界では 99% が 30 人未満の小規模事務所といわれており，DX 推進のための経営資源は限られている。当税理士法人も小規模事務所ではあるが，DX を活用し小規模事務所に最適化された標準ワークフローの構築を進めてきた。今後はそのノウハウを同業者に供与し，税理士業界全体の底上げに寄与する事業展開を目指している。それにより，税理士試験の受験者数が減少するなど業界の沈滞ムードを払拭し，税理士業界を花形業界にすべく，微力ながらも貢献したいと考えている。

事務所プロフィール

① **事務所名**：税理士法人福島会計
② **所 在 地**：東京都千代田区神田駿河台
③ **設 立 年**：平成14（2002）年
④ **所 員 数**：20名
⑤ **事務所の特色**

　　当事務所は、平成14（2002）年に東京都北区で開業し、10年目の平成24（2012）年に税理士法人化、平成26（2014）年に現在の千代田区神田駿河台に移転した。

　　ITと経営支援に強みを持ち、DX支援サービス「スマートオフィス」と経営支援サービス「ナビゲーション経営」の2つのサービスを柱に「経営支援型のDX会計事務所」として活動している。

　　国税OB税理士から中小企業診断士まで幅広い人材を擁し、税務の基盤を固めながらも、事業承継、M&A、補助金・助成金まで、クライアントのニーズに幅広く対応している。

⑥ **連 絡 先**

メールアドレス　pros@fukushima-ta.jp
電 話 番 号　03-3526-2636

➎

人と組織を成長させる
RPA ソフトで生産性を向上

中京会計（伊藤圭太税理士事務所）

❖**Point**❖ ///

❶ 人と組織を成長させる DX 推進 RPA ソフトを選ぶことが大切である。

❷ RPA の導入から軌道に乗せるまでには，現場の意見を取り入れる必要がある。

❸ RPA の導入をきっかけに現場の職員の意識を前向きに変えて生産性の向上を図ることができる。

Ⅰ 当事務所における DX の現況

　所長が中心となる小規模事務所や IT 専任者を置くことができる大規模事務所であればいろいろな RPA ソフトを活用することができるだろう。中規模の事務所として私が考えたことは現場が触ることができて，現場の職員が成長する助けになるような RPA（Robotic Process Automation）であることである。

1 三つの失敗

　当初は別のメーカーの RPA を導入していたが，次のような三つ

の失敗をした。

① 操作が難しく業務の自動化が進まないこと。

　　私一人が触っていたが，日常の業務が忙しくなかなか思うように時間を作ることができない。また操作が難しいことが，より一層進まない原因となっていた。

② どんな業務をロボ化したら良いのか分かっていなかったこと。

　　実際の業務は現場に存在する。RPAを最初に検討するのは所長又は幹部が多い。幹部は現場作業が少ないと本当の現場業務での課題が分かっていないことが多い。業務を持っている現場の職員を巻き込むことがポイントになると気付いた。そのためにも現場の職員が触れるRPAでなければ意味がない。

③ 使えないアプリやシステムがあること。

　　理想はシステムを一つに統一することだが，会計・給与・請求など関与先企業によってもいろいろなシステムを併用することが多くある。せっかくRPAを導入しても使えないシステムやソフトがあると大きな効果を生み出すことはできないし，手も止まってしまう。自動化したい業務のあるシステムやソフトがRPAの操作対象にあるかが重要である。

2　業務の自動化を技術者に頼らない

　RPAロボパットDXは，ITやシステムに詳しくない現場の職員でもロボの作成をすることができる。それはマウスとキーボードを使って，自分の業務を直観的に置き換えることができるからである。「人が人に業務を引き継ぐ感覚」で「ロボに業務を引き継ぐ」操作感があるからである。このように業務をロボに引き継ぐことで，その担当者にしか分からないブラックボックスになっていた業務が見えるようになり，誰でも同じように業務ができるようになったこと

は想定外の副産物である。

3 アプリケーションを問わない

一つのソフトで完結するのが理想だが，現実はなかなかそうはいかないものである。アプリケーション間の連携ができるかどうかは重要なポイントである。RPA ロボパット DX を使うとデスクトッ

●図表－1　DX を推進する RPA

大企業向け 大規模サーバーRPA ※主に海外製	情報システム部向け プログラミングRPA ※最低マクロ以上の知識が必要
機能・サービス制限 低価格RPA ※活用範囲が限定的	人と組織を成長させる DX推進RPA ※スキルアップのための伴走が強み

●図表－2　RPA ロボパット DX による普段のパソコン操作の置換え例

例)ゴミ箱アイコンをダブルクリックさせる

①メニューの「マウス」タブの「ダブルクリック」を選択する

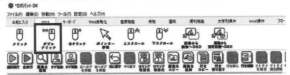

②ダブルクリックさせたい画像(ゴミ箱アイコン)を範囲指定する。

たったこれだけで「画像(ターゲット画像)をダブルクリックする(コマンド)」というアクションが登録できました！

●図表－3　当事務所の作成ロボ例

No.	名　称	概　要	削減工数	頻度	月間削減工数
1	参謀役作成ロボ	部門の切り替え・保存,印刷まで	80分	毎月	80分
2	部門別参謀役作成ロボ	部門の切り替え・保存,印刷まで	40分	月2	80分
3	給与印刷ロボ	freeeにログイン, 社員・パートそれぞれをPDFで保存。月末に給与明細を印刷	5分	毎月	5分
4	PX2月初報酬登録	毎月1回の報酬登録	5分	毎月	5分
5	決算準備(印刷)	法人税,消費税のお知らせを印刷	5分	毎月	5分
6	議事録送付準備	月次検討会の議事録をメールへ添付して送付まで準備。メール内容を確認後,手で送信をクリック。	5分	毎月	5分
7	OMS印刷	毎月月初OMSからお知らせ印刷	5分	月1	5分
8	ライセンス更新	毎月第一月曜にロボライセンスを自動更新	3分	毎月	3分
9	給与明細印刷	MyKomonログイン〜印刷・閉じるまで。	3分	月1	3分
10	ブログ	ログインまでのIPアドレス変更して,新規ブログ投稿ページまでジャンプ。	4分	週2	32分
11	出勤・日報登録	日報雛形をコピー&ペーストしてMyKomon添付する。出勤ボタンもクリック可 。自動起動可。	1分	毎日	300分
12	月次監査①	FX4の現金売上に混ざった定期券売上と乗車券売上をそれぞれ振り分ける	25分	月1	25分
13	【支援部】月次電子会議室書き込み後会計課へ連絡ロボ	疑問点確認後のMyKomon 伝言メモ作成	3分	週2	24分
14	月次決算特殊未来会計図	未来会計図を印刷・売上表を当月行挿入・損益計算書を弥生会計からExcelへ・該当月Excelから売上表に転記	20分	月1	20分
15	FX4固めるロボ	ログイン〜FX4固めて閉じるまで。	5分	月3	15分
16	給与明細を送るロボ	メール起動・メール作成・保存フォルダを開き,日時で検索からファイル添付	5分	月3	15分
17	確定申告の表紙印刷	確定申告の表紙印刷。一括申告切り出し	30分	年1	
18	【新規登録】新規先お客様電子保存フォルダ作成	新規契約時	5分	都度電話あった	
19	FX4ログイン	FX4自動ログイン	1分	都度	
20	【新規登録】新規契約ロボ	googleフォームから取込・googleからExcelへ・契約書・MyKomon・OMS・e−net登録	20分	都度	
21	【新規登録】お客様へ新規顧問契約申込フォーム メール作成	新規契約するお客様へメール作成	5分	都度	

プ画面に表示される画像を認識して人間がマウスとキーボードで操作することはすべて代わりに操作できる。つまり，アプリを問わずに操作ができる。

4 操作・作成の容易さ

繰り返しになるが，現場の職員が触れる RPA ロボパット DX を選んだことが当事務所の成果につながったと感じている。直感的な操作感で，普段のパソコン操作をそのまま置き換えることができることがポイントとなる。RPA の技術を習得するための時間を大きく作る必要がないのである。

Ⅱ DX に取り組み始めるように なったきっかけ

毎年，確定申告の繁忙期に業務が集中するため職員の残業時間が増えていた。自分が体調を崩したこともあり，このままではいけない，業務の効率化を進めていかなくてはならないと感じていた。新聞記事で RPA のことを知った。会計業務を分類すると「人の判断が必要で考えなければいけない業務」と「あまり考えなくても良い単純業務」に分けることができる。RPA が単純業務を自動化させるツールになればと思った。インターネットで調べたり展示会やセミナーに参加したりするなかで，中規模の自社に合っている RPA ソフト（RPA ロボパット DX）を見つけ，運用を開始した。

Ⅲ　DXに取り組むにあたり工夫した（している）点

1　ロボ担当者を一人に任せっきりにしない

　ロボ作成にはある程度の時間がかかる。特に最初はトライ＆エラーの繰返しになるので，一人で作っていると担当者が孤独に陥りやすい。仲間がいることで進捗状況を確認し合えたり，分からないところを相談し合えたり，励まし合ったりすることができる。自分で作ったロボが動いた瞬間は大きな達成感につながる。

2　ロボ作成の時間を作る

　日常業務があると，どうしてもロボづくりは後回しになってしまう。また，周りの職員が決算書をつくっているときにロボを触ることは周囲の理解がないと協力が得られにくい。決まった時間にロボを触る時間をつくる仕組みづくりをすることで，当事務所ではRPAロボ部という部活のような時間をつくり，ロボ作成の時間を確保している。

3　幹部も一緒に目標設定を共有する

　職員に任せっきりにせずに進捗状況や困っていることはないか，フォローアップする仕組みをつくる。

4　大切なことは空いた時間を何に使うか

　費用対効果だけを見てしまうと，新しいRPA導入には二の足を踏んでしまう。長い目で見たときに事務所にとって何が最適な投資なのかを見極めることができる。

　このように職員の意識が変わることで生産性向上の基盤ができてくる。また，仕事そのもののやり方を変える提案が出てくるように

なる。

　当事務所の事例として，新規関与先企業の情報を登録するロボを
つくったときに改革が起こった。新規関与先企業と契約をすると，
申告ソフト・請求ソフト・データベース・住所録といくつものソフ
トをまたいで同じような内容（会社名・住所・代表者名・資本金など）
を入力しなくてはならなかった。登録フォーム用の Excel をつくり，
そこから各ソフトに転記する RPA ロボを作成した。これまで契約
のときには関与先企業から登録用紙に記入をしてもらっていたが，
そもそもその登録用紙を Google フォームに変更してはどうかと提
案があった。Google フォームから直接連携することで大幅な工数
の削減になった。このように，現場から前向きな改善の声が出てく
るようになることは大幅な生産性向上につながるのである。

　上記のような理由から当事務所では RPA ソフト使用料の勘定科
目は"支払手数料"ではなく"教育費"としているのである。

●図表－4　RPA 導入の費用対効果

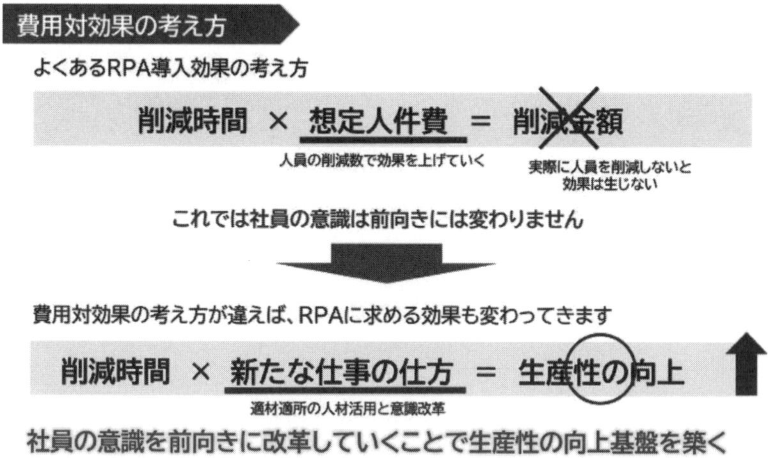

費用対効果の考え方

よくあるRPA導入効果の考え方

削減時間　×　想定人件費　＝　削減金額

人員の削減数で効果を上げていく　　実際に人員を削減しないと効果は生じない

これでは社員の意識は前向きには変わりません

費用対効果の考え方が違えば、RPAに求める効果も変わってきます

削減時間　×　新たな仕事の仕方　＝　生産性の向上

適材適所の人材活用と意識改革

社員の意識を前向きに改革していくことで生産性の向上基盤を築く

Ⅳ　関与先企業へのDXの普及状況

　RPAを関与先企業にも進めていくことで，事務所の付加価値の向上とDXに取り組んでいる先端会計事務所としてのブランディングとなる。対象となる関与先企業を中心にデモ会を開催し，1か月間の無料トライアルに挑戦してもらっている。無料トライアル期間中に課題を共有したり操作勉強会を開催することで経理の合理化につながるヒントが出たり，支援する職員の能力向上につながったりしている。

Ⅴ　今後の課題と展望

　これから先は中小企業にとってDX化は避けては通れない課題になる。人手不足，特に技術者の不足は否めない。そのときに身近な相談者である税理士事務所がDXに取り組んでいる先端的な事務所だと認識してもらえるかどうかは事務所経営にとって大きな分かれ道となるであろう。

　最後にこういったRPAによる自動化の事例を同業種である税理士事務所とぜひ共有したいと思っている。お互いに事例を持ち合ったり，作ったロボを共有したりすることができれば一事務所で行うよりも大きな相乗効果が期待できると考えている。

事務所プロフィール

① **事務所名**：中京会計（伊藤圭太税理士事務所）
② **所 在 地**：愛知県小牧市東田中 2146 番地 1
③ **設 立 年**：平成 19（2007）年
④ **所 員 数**：15 名
⑤ **事務所の特色**

　　私たち中京会計では、数字に強い経営者を育てることで、中小企業の黒字化と健全なキャッシュフロー経営を支援しています。具体的には「経営計画書」「月次決算書」を使って、お客様との毎月の戦略会議で会計コンサルティングをさせていただいております。これらは、すべて永続的に繁栄し続ける幸せな会社をつくるために必要なコストである「利益」を出すために私たちが培ってきたノウハウを集大成したツールです。

　　中京会計のお客様は 71.3％が黒字企業（令和元（2019）年時点）です。

　　会計事務所が親身になって中小企業経営者の相談相手になること、ビジネスドクターとして共に成長できるパートナーとなることを前提に、お客様とお付き合いをさせていただいています。

⑥ **連 絡 先**

　メールアドレス　info@chukyo-kaikei.com
　電 話 番 号　0568-76-9902

6

手入力禁止から経理業務の
自動化の提案・導入へ

サン共同税理士法人

❖Point❖ //

❶ DX を進めることで一番喜ぶのがスタッフであるということが
大事である。

❷ DX で推進すべきことは，①データ化の推進，②完全ペーパー
レスの推進，③テレワークの推進，④自動化の推進の4項目であ
る。

❸ 今後は，顧客への経理業務の自動化の提案・導入ができるかど
うかが最も大事な能力の一つとなる。

❹ DX を進めることで残業ゼロも可能である。

Ⅰ DX で変わる税理士業務

1 DX とコロナ禍の影響

当税理士法人が会計事務所の経営に当たって重視しているのは，
「顧客と職員の満足度向上」及び「顧客と職員のバランスの取れた
安定的な成長」である。これを実現するためには，さまざまな取組
みが必要となるが，いずれも DX が関係してくるという点が大事に
なると考えている。

顧　　客	集客・サービス・価格
職　　員	採用・育成・評価・労働環境

　コロナ禍の影響により今後，税理士事務所はDXを通して大きく変化していくことは間違いないと思う。筆者は10〜30年のスパンを意識した経営をしているが，今後急激にDXが進み，テクノロジーによる業務の効率化とサービスの低価格化がさらに進んでいくと考えている。

　コロナ禍の以前からもテクノロジーの普及により業務効率化が進んできたが，税理士事務所に限らず，テクノロジーで生産性が向上することによる低価格化が進むことは避けられない。申告書を手書きで作成して税務署に郵送していた時代は担当できる顧客数も少なく工数もかかるため報酬は月5万円となるかもしれないが，スマホ・チャット・Zoom・AI・RPAで顧客対応・申告対応を行う時代はかなりの顧客数を担当できるため，効率化で多くの業務を請け負うことで総報酬を確保できる分，顧客単価はまだ下がることになるはずである（**図表－1参照**）。

　税理士事務所スタッフの1人当たりの平均担当売上が1千万円程度といわれているが，低価格で単価が低くても1人当たりの担当売上を2千万円以上とするなど，担当売上を上げていくためにいかにDXで生産性を上げていけるかが，職員を守るうえで大事なポイントになると考えている。

●図表－１　昭和・平成・令和にわたる税理士業務比較

	昭和 （1989年以前）	平成 （1989年以降）	令和 （2019年以降）
作業者	人がメインの手作業	システムを利用した手作業	RPA等を利用した自動化
会計入力業務	そろばん，電卓を使った手入力やインストール型の会計ソフト	クラウド会計ソフト	OCR等を活用した対応
税務申告業務	手書きで申告書作成	税務ソフトへ人が入力	RPA等を活用した対応
税務相談業務	書籍等による対応	ネットを活用した対応	AI等を活用した対応
申告方法	郵送による申告	人による電子申告	人・RPA等による電子申告
連絡方法	手紙・FAX・訪問	メール・訪問	自動通知・チャットWeb会議
情　報	書籍など紙媒体	HPなどweb	YouTubeなど動画

2　DXで推進すべき4項目

　テクノロジーで業務を効率化し，生産性を向上して担当売上を伸ばしていくために推進すべき以下の4つの項目について触れていきたい。

　　①　データ化の推進
　　②　完全ペーパーレスの推進
　　③　テレワークの推進
　　④　自動化の推進

　従来までの人の作業が必要な手入力と郵送による業務を廃止するためにデータ化を推進し，テクノロジーを最大限に活用して業務を自動化する。また，生産性を向上させるためにも完全ペーパーレス化により出社を前提としないテレワーク勤務体制に移行する。データ化による業務の自動化と，ペーパーレス化によるテレワークの移行が，今後の税理士事務所の成長で不可欠になってくる。

Ⅱ　データ化の推進

1　手入力禁止

　当税理士法人では会計業務（預金取引・現金取引）の対応方法を下記5つにタイプ分けすることからスタートした。

　タイプ1（クラウド会計）〜タイプ3（Excel送付）は手入力と郵送なし，タイプ4（PDF送付）は郵送がないが，手入力は発生し，タイプ5（郵送）は手入力も郵送も発生する。

　基本的には郵送も手入力もないタイプ3以上を目指しつつ，どうしても手入力を依頼されるお客様はデータプランとは同じ価格ではできないので価格設定を変えるようにしている（図表−2参照）。

　データ化で大事なのはお客様に説明するスタッフ自身のデータ化の重要性の理解である。当税理士法人スタッフでもお客様がパソコンを持っていないことを理由にすぐにデータ化の提案を諦めるスタッフがいた。パソコンを持っていなくても，スマホがあれば預金データはCSV転送できるし，高齢の方でも会社の社長であり，丁寧に教えれば覚えてくれるかもしれない。社長自身が無理でも家族がネットバンクを設定してくれる可能性もある。一度諦めてしまえば顧問契約が継続する限りずっと手入力が続くし，気付いたら他事務所より顧問料が高いと言われて解約されるリスクが続く。

　データインポートの場合はタイポがないが，手入力は手間な作業のうえに，さらに入力ミスが起きるので，ミスを前提としたレビューの作業工数も発生する。

　以前は税理士事務所のスタッフには税務会計知識が求められるメインの能力であったが，今後はクラウド会計の導入提案は当然ながら，経理業務の自動化の提案・導入ができるかどうかが最も大事な

能力の一つとなる。実際に当税理士法人でも月に20時間かけて手入力で作業している業務が自動化により2時間で終わったが，この業務効率化の提案力が税務会計知識以上に求められていると感じている。この能力はスタッフの個人の努力に任せるのではなく，事務所の体制として対応していく必要がある。

●図表－2　会計業務の5つのタイプ

	郵　送	手入力	預金取引	現金取引
①自動化「クラウド会計」	無	無	クラウド会計でAPI連携	
②半自動化「CSV」	無	無	ネットバンクでCSV出力	顧客でExcel入力
③顧客手入力「Excel」	無	無	顧客でExcel入力	
④弊社手入力(郵送なし)「PDF・スクショ」	無	有	OCR読込	弊社手入力
⑤弊社手入力(郵送あり)「郵送・持参」	有	有	弊社手入力	

2　郵送禁止

　当税理士法人では，領収書等の原本送付の禁止をコーポレートサイトに掲載している。その理由は3つある。実際には効率化のためにデータで欲しいということはあるが，税理士事務所側の効率化以外にも郵送禁止を説明できる理由があると考えている。

（原本送付禁止の理由）
① 　重要書類を郵送する場合，郵送による重要書類の紛失リスクをゼロにすることはできない。
② 　重要書類を直接原本で預かる場合，重要書類の管理の問題

が生じる。

③　重要書類の入力情報に認識の齟齬が生じた場合，重要書類
　の送付履歴が残らないため，事後的に確認をすることができ
　ない。

3　データ化への取組み

　図表－2のとおり，顧客ごとに現金取引と預金取引のタイプを5
つに分けて，決算ごとにそれぞれ仕訳数（預金取引は口座ごと）を
記載し，現金取引・預金取引についてのデータ化の取組みについて
コメントするような運用とし，データ化が進んでいない顧客を放置
しないことを徹底している。

4　データプラン

　当税理士法人では，新規のお客様への料金プランもデータ化に対
応していただけるお客様は割引するようにしている。お客様は目に
見える一番のサービスである低価格（値引き）に非常に敏感である
ので，基本的にはデータプランで契約してもらうことができる。こ
こで大事なのが，「データ化＝お客様の負担が増加」ではないこと
である。当税理士法人でも当初は「データ化＝お客様の負担増加」，
「丸投げ＝お客様の負担軽減」，という認識を持っているスタッフが
多くいた。データ化は初回の設定だけでデータ連動も可能であるし，
レターパックを購入して郵便ポストに投函する必要もない。API 連
携でなく，PDF 送付でも OCR 機能を活用して業務を効率化でき
るし，郵送を使わずにデータ送付することで非接触の対応を取るこ
とはコロナ禍の時代に合っている。

5　納　品

　当税理士法人では申告書の納品も原則データで納品となっている。厳密には納品をデータ送付とデータ保存に分けて管理しており，メールやチャットで送付し，全顧客の決算書類を自社システムにデータ保存し，顧客もログインできるようにしている。自分が顧客であれば紙でもらっても困るし，データで送付されるだけだと保存が不安なので，税理士事務所側で保存してくれていると便利と思い，自社で納品システムをつくった。

Ⅲ　完全ペーパーレスの推進

1　ペーパーレスの目的

　当税理士法人では，設立2年目の平成29（2017）年から完全ペーパーレスで実務を行っている。紙調書は平成28（2016）年のときだけで過去の内部調書はシュレッダーで廃棄している。平成29（2017）年からは調書を含む顧客データがすべてデータであるので，キャビネットにも調書は入っていない。

　以前，統合した事務所の紙資料のデータ化を他拠点のスタッフがスキャンする作業をしたことがあったが，すべてデータ化して廃棄するまで1か月くらいかかった。そのときは紙で作った後のデータ化の作業の大変さを痛感した。現在も昨年に当税理士法人と統合した事務所の過去の調書だけはまだ紙なので過去分は倉庫やキャビネに保管されているが，過去の紙資料を保管するために，月額5万円の家賃を払って保存している。その保存している紙もデータであればすぐに検索できるが，倉庫の紙資料だとすぐに検索できず，紛失リスクもある。

　たしかに紙だと作るまでは楽かもしれないが，①維持コスト（倉庫代），②紛失リスク，③効率性（データ検索）などで，ペーパーレスのほうにメリットがある。作るのは単価の低いスタッフであるが，レビューするのは単価の高い上位者になり人件費やリソースの面でのデメリットもある。また，上位者がネット環境でパソコン・スマホがあればどこでもタイムリーにレビューができるのは，負担軽減だけでなく，スピード向上による顧客満足度アップと従業員満足度アップにもつながる。上位者だけでなく作業者も事務所でなくても作業ができるので，テレワークなども可能になる。当税理士法人ではスキャナーは利用するが，プリンターを利用しないので，そもそもプリンターを置いていない拠点もある。

2　電子調書

　当税理士法人では設立１年目の平成28（2016）年は私の前職の手法に従い，紙で調書を作成していた。調書の構成はドケット（サインオフ），全般事項（顧客概要，トピック，CF，届出書，法人税・消費税のポイント），申告書，決算書とそれに付随するエビデンスなどである。以前は紙だったので，調書のワーキングペーパーにインデックスを付して，リファレンスをしていた。

　これを平成29（2017）年からドキュワークスですべて作成し，完全に紙を廃止した。紙がないので，プリンター利用で席を離れる必要がなく，ずっと席に座っている感じである。紙の場合は机で調書を広げるが，電子調書はデータのみで調書を作るので，モニターが３つ以上は必須となる。本来紙は縦で読むものなので，調書の電子化によりモニターも縦画面で使用している。別表５（1）とBSと内訳書を同時に３つ開いた状態でレビューができるので，レビューも紙より便利であるし，作成者も慣れるとドキュワークスがないと作業できないくらい使いこなすようになる。

3　Web 調書

　電子調書では Word・Excel・会計ソフト（弥生・MF），税務ソフト（達人・TKC）で作成したデータを紙で出力せずに，ドキュワークスプリンターで印刷（PDF 化のイメージ）し，（紙の厚手のファイルなどでなく）3 つのドキュファイルで電子調書として上位者に回していた。これを顧客情報・チェックシート・届出書情報・納品物などをウェブ化（自社クラウドシステム）して，会計と税務以外はウェブで調書を作成し，レビュー申請もウェブ化する作業への移行を令和 2（2020）年から始めている。

4　自社クラウドシステム（AMS）

　Web 調書以外にも自社システムにいろいろな機能を追加し，効率化を進めている。
○請求書発行・口座振替データと顧客情報を連動した報酬管理
○勤怠と報酬管理を連動した損益管理と業績評価
○顧客向けに送付するチェックシートの自動データ送付
○レビュー機能・チェックシートと自動連動したスケジュール管理
○チャット機能を活用した納品管理
○アラート機能を活用したスケジュール管理
○顧客情報や報酬情報と連動した契約書や報酬通知書の作成機能
○ RPA 対応のためのデータ出力機能，等

5　電子契約

　作成した契約書は印刷して郵送せずに電子で契約を済ませている。導入されている事務所も多いと思うが，非常に便利なのでまだ導入されていない事務所はすぐにでも導入したほうがよいだろう。

Ⅳ テレワークの推進

1 テレワークの目的とテレワーク勤務ガイドライン

当税理士法人では，テレワーク勤務ガイドラインを平成29（2017）年に作成し，ホームページにも掲載している。また，税理士法遵守などの観点からテレワークを実施する職員全員とテレワーク勤務の合意書も締結している。税理士事務所のテレワークは職員の税理士法上の管理監督義務が必須となるので，DX を活用しダブルチェックを必須とするレビュー機能をつけるなど，むしろ紙よりも強固な業務のレビュー体制を構築している。

テレワーク勤務ガイドラインには，第1条にテレワーク勤務の目的を記載しているが，テレワーク実施の最大の目的を生産性の向上としている。自然災害やコロナなどの非常事態に備えることや従業員満足度向上なども目的の一つとしているが，何よりも生産性の向上を達成することがテレワークの最大の目的と捉えている。テレワークにより，生産性が向上し，月の担当売上が増加するなど，生産性向上のためにテレワーク環境を整える必要があると考えている。

2 VDI・クラウド

当税理士法人のテレワーク実施で一番コストをかけているのが，VDI（仮想デスクトップ）である。VDI のメリットはたくさんあるが，ネット環境と PC さえあればどこでも PC を持参せずに作業ができる点，セキュリティ管理がしやすい点，PC セットアップ・更新の負担がない点，などがある。

当税理士法人が以前導入したオンプレミスの VDI は利用人数に応じた容量を購入する必要があるため，人数が増えるたびに追加で

購入して現在6号機まで所有している。一番コストのかかった導入初年度の平成29（2017）年はテレワーク助成金を利用した。また，現在はクラウド型の仮想デスクトップサービス（Daas）もある。詳しくは当税理士法人RPAサイトにも掲載しているが，人数の増減や利用状況に応じて費用が発生する点でDaasの利用も進めている。

3　固定電話廃止

　テレワーク勤務は前職で慣れていたこともあり，コロナ前の設立当初から実施していたので，コロナ中のテレワークもスムーズに実施することができた。ただ，令和2（2020）年4月の緊急事態宣言で全職員が完全テレワーク勤務となったことで，専門職スタッフは全職員対応できたが，事務職スタッフが郵送業務と固定電話対応で出社をしなくてはならないという課題が浮上した。

　そこで，まず郵送は原則禁止で，一部の郵送はやむを得ないが，集荷が遅くなるためデータで送ってもらうように顧客に担当から連絡してもらい，データ化と郵送禁止を進めた。固定電話については，顧客や取引先は担当のiPhoneに直接かかってくるので，問題は税務署と営業であるが，税務署と営業のために出社するというのは非効率であるので，（新規顧客対応以外は）自動応答に切り替えて事務職スタッフも全員が在宅勤務をできるような体制とした。コロナ禍で事務職スタッフも効率化ができた一例であった。

Ⅴ　自動化の推進

　当税理士法人では，会計事務所の IT 対応力が事務所に最も必要なスキルの一つであると考えており，IT 対応力の向上でテクノロジーを通じた業務の自動化が可能になると思っている。自動化にはRPA，VBA，プログラミングなどいろいろな手法があるが，まずは自動化する業務全体を見直し，間接コストを下げることができないかを検討する。

　自動化の取組みはワンソースマルチユースの考えに基づき，業務フローや取り入れる手法が複雑化しすぎないように注意している。自動化技術は技術革新が激しいのですぐに新しい技術が入ってくるが，エンジニア経験のある税理士や会計士などで組成した IT チームが常に情報収集をしている。また，RPA などを使わなくても，Google サービスや他のクラウドサービスなどで自動化できるものも増えており，テクノロジーの活用は一部の専門スタッフにしかできない業務ではなくなってきている。事務所全体で考えた場合，スタッフ全体の IT リテラシーの向上が生産性に直結するため，ウェブ会議や OJT を通じて IT チームで検討した技術や導入手法を共有し，全体の底上げに取り組んでいる。

　今後は分析ツールなどを使い，インポートした会計税務データからのチェックや会計税務の助言ができるようなシステムを開発していきたい。参考までに下記は当税理士法人が自動化している作業の一例である。

○電子調書の基礎となるデータを会計データから自動作成
○電子申告データの PDF をセットアップ用に自動保存
○特定のメールをチャットワークに自動転送
○特定の情報をスプレッドシートに自動転記
○ OCR で認識したデータをフォルダやチャットに自動転送

〇自社システムから出力したデータを会計税務ソフトに自動入力

Ⅵ　DXの推進で一番喜ぶのはスタッフ

　DXを進めることで一番喜ぶのがスタッフであるということが大事である。DXで効率化して担当売上が増加し，給与がアップする，残業が減る，単純な作業から解放される，楽しい仕事に集中できる，などを実現していく必要がある。

　当税理士法人では去年統合した1拠点以外の7拠点で残業が1人も出なかった。スタッフの業務内容がDXで充実してくれば，新しい顧客を受け入れるキャパもできるし，経験のない業務（相続など）の知識を習得する時間も生まれる。当税理士法人は離職率ゼロを目指しており，仕事が増えても在宅スタッフの活用などで大幅な正社員の入社がなく対応できるような体制を理想としている。

　毎日，入力や郵送に追われ，顧客の訪問で時間を使ってしまい，毎年同じ仕事をしていては，知的満足度が満たせない事務所となってしまう。今いるスタッフを大事にするためにも，DXは不可欠であると考えている。

事務所プロフィール

① **事務所名**：サン共同税理士法人
② **所 在 地**：東京都港区南青山 1-1-1　新青山ビル東館 15 階
③ **設 立 年**：設立年平成 28（2016）年
④ **所 員 数**：72 名（税理士 16 名、公認会計士 1 名、社会保険労務士 2 名）
⑤ **事務所の特色**

　　サン共同税理士法人は平成 28（2016）年に大手税理士法人の出身者が中心となって、それぞれのキャリア・得意分野を生かしてクライアントに貢献するための税理士法人として設立されました。特に起業サポートを強みとしており、節税対策、融資の支援、助成金の支援等、起業におけるハードルをすべてワンストップで提供しています。また、「IT ×人材」の分野に力を入れており、自社開発システムや RPA 等の最新の IT を利用した所内の高度なオペレーションシステムを確立している税理士法人です。

⑥ **連 絡 先**

　メールアドレス　contact@san-kyodo.jp

　電 話 番 号　03-3572-5831

第4章

経営に生かす DX

7

「決算の早期化」をゴールとし，改善意識を高めるカルチャーを醸成

伊藤会計事務所

❖Point❖ //

❶ DXを進めるに当たり大切なのは，単なる効率化ではなく，日々の業務のあり方に疑問を持ち，常に改善を意識し，課題に当事者意識を持って立ち向かう，事務所としてのカルチャーの醸成である。

❷ 担当者ごと，顧問先ごとにバラバラだった会計入力時の資料回収等の方法を標準化することが大切である。

❸ SaaSは，まず試してみることが肝要であり，その経験値は大きい。

▉ 当事務所の DX への取組状況

　当事務所は，早くからクラウド会計や記帳の自動化に取り組み，会計システムでは，マネーフォワードプラチナメンバー，freee5つ星認定アドバイザー，弥生ゴールド会員と，全て最上位の資格を保持している。また，20以上のSaaSを導入し，自社の業務と照らし合わせながら取捨選択を行い，それらを駆使した業務改善に取

り組んできた。

　昨年，福岡市にある ENJOINT 税理士法人と，「Hello,cloud!」という士業の SaaS 活用を推進するためのオンラインコミュニティを立ち上げ，士業向けのセミナー活動のほか，kintone 業務管理アプリや freeeAPI 出納帳の共同開発などを行っている。

Ⅱ　DX に取り組み始めたきっかけと取組み内容

1　DX に取り組み始めたきっかけ

　当事務所は平成 20（2008）年に開業したが，開業して 5 年経ったころから，税理士業界全体が超売手市場になり，全く経験者の採用ができなくなってしまった。新卒未経験者採用に切り替えたが，育成するノウハウもマニュアルもない中，生産性はどんどん悪くなり，残業時間が増え，退職者も相次いだ。残ってくれた社員の頑張りで業務を回していたが，これ以上退職者が出てしまえば，事務所としての存続が難しくなるという危機感から，残業ゼロを目指して，DX による業務改革に着手した。

　残業をなくすには，生産性と単価の向上が必要である。そのためにはお客様を黒字にして，報酬が上がる仕組みをつくらなければならないと考えた。クライアント企業が利益を出すことは，社長はもちろん，そこで働く社員にとっても幸せなことであるし，納税，雇用の維持創出という面で地域社会の発展にもつながる。

　では，税理士事務所が，クライアント企業の黒字化のためにできる最大の貢献はなにか。それは，「数値の早期化」であり，1 日でも早く月次決算を提供することであると考えた。数値の早期化のためには，リアルタイムでデータを取り込めるクラウド会計が最適で

あったため，クラウド会計の導入に踏み切った。

2　DX の始まりはペーパーレスから

　DX の取り掛かりとして，まず所内にあった大量の紙の書類を
ペーパーレスにすることから始めた。申告書の控一式や月次入力資
料の紙保管をデータ保管に変えただけで，大量の紙資料がなくなり，
キャビネットを 20 本廃棄。顧問先 1 社当たりのスペースは，一時
預かりの原始資料を入れる小さな箱 1 個のみとなった。棚を全て
オープンにしたことで，長期間返却できていない原始資料や，滞留
している仕事の見える化もできた。

　書類データ保管のシステムは，手書き環境をそのまま電子化する
ために DocuWorks を採用。付箋，ハイライト，バインダー機能
など，PC 上でも紙感覚で書類を扱えることで，アナログ時代の業
務フローの良さを残しつつ，デジタル化が実現した。

　ペーパーレスの移行時期には，スキャン作業専任の期間限定パー
トスタッフを雇用し，社員の通常業務への影響を最小限に抑えた。

　ペーパーレスの最大の効果としては，整理整頓が進んだこと。デー
タでの書類保管方法を標準化し，フォルダの整理整頓，階層の管理

を徹底するようになったため，ものを探すという無駄な時間を大きく短縮できるようになった。探すという点では，検索しやすいというのも，デジタルの利点である。

3　源流の整理整頓

　ペーパーレスにすると同時に，会計入力時の資料回収の方法も，それまで担当者ごと，顧問先ごとにバラバラだったものを標準化した。全ての顧問先に紙資料用の標準回収ファイルを渡し，一方でネットバンクデータや現金出納帳のエクセルデータなどデータがあるものについては，Dropbox のストレージなどを活用し，できるだけデータで回収するようにした。データでの資料回収は顧問先にお願いしなければいけない部分も多いが，クラウド会計だとネットバンクデータやクレジットカードのデータを連携して取り込めるので，そもそも紙やデータで回収する資料が大幅に減少した顧問先も多い。

　クラウド会計の導入＝即自動化ではなく，実は一番大事なのは，源流部分の業務フローを見直すこと。この回収フローを事務所全体で標準化したことにより，記帳業務の標準化，平準化，自動化への道筋ができた。

4　クラウド会計と記帳の自動化

　クラウド会計を導入した当初は，データ連携に苦戦したり，手作業を減らせず効率化が実感できなかったりした。それどころかシステムでもたついて，かえって生産性が悪くなっているのではないかという声も現場から出てきた。効率化を実感できたのは，マネーフォワードのバリューパック（旧商品名）と STREAMED の導入を始めてからである。バリューパックは請求書や給与，経費精算といった周辺サービスを同一料金内で導入できるパッケージである。請求

情報や給与資料などをデータ連携で取得できるので，回収資料自体が減った。STREAMED は証憑のデータ化サービスである。ネットバンクのない通帳や現金出納帳のない領収書などをデータ化してくれるので，このサービスの導入を機に，事務所では原則仕訳の手入力をしないという方針を明確にし，自動化を進めてきた。

　このことからも，やはり記帳業務の効率化のためには，源流，つまり顧問先の経理の部分を改革していくことも必要ということを改めて認識し，クラウドシステムを導入して経理の仕組みを変える「経理業務改善コンサルティング」を新たなサービスとして開始した。

　freee については，従来の会計ソフトとは違う考え方のシステムのため最初は苦戦したが，freee の充実した教育カリキュラムを活用して，freee 専門スタッフの育成をしたことで，事務所全体のレベルアップにつながった。マネーフォワードの導入は比較的簡単なのに比べて，freee の導入は時間がかかるため，導入に 3 倍の工数を設定。今では，税務知識が浅い若手スタッフでも freee 専門スタッフとして第一線で活躍できるようになった。

　マネーフォワード，freee で自動化のノウハウやマインドを培ったことで，それらをオンプレミスのソフトである弥生会計にも生かせるようになった。ネットバンクがあるからクラウドという安易なチョイスは結果的に非効率になる場合もある。弥生会計の自動取込機能や仕訳データ化サービスを最大限に活用すれば弥生会計の快適な作業環境を残しつつデータの取込みができる。

　やみくもにクラウド会計を導入しようというのは，サッカーの試合でポゼッションを高めようと言っているのと同じ。目的は試合に勝つことであり，ポゼッションを高めることではない。ゴールは，月次決算の数字をできるだけ早く顧問先に届けること。それをどの会計ソフトならば実現できるかという観点で選んで提案しているので，顧問先によっては，あえてクラウド会計以外のものを提案する

場合もある。

5 業務の見える化

　ＤＸによって一番進んだのは，なんといっても「業務の見える化」である。退職者が多く出た時期は，業務がどのように進んでいるか，社員が何に困っているか，何に時間がかかっているのか，といったことが全く見えていなかった。現在は，kintone を使って業務アプリを構築。顧問先データベースの他，法人税申告や確定申告，記帳代行，年末調整などの業務のプロセス管理を行うアプリや，日報アプリで管理を行っている。

　業務プロセス管理アプリでは，今まで Access，Excel，Google スプレッドシート，紙の進行表などバラバラに管理していたものを kintone に一元化し，顧問先ごと，担当者ごとの業務の進捗状況や仕事の在庫状況が一目でわかるようにした。また，日報アプリで実績工数をとることで，時間単価を把握。kintone には様々なデータが蓄積されていくため，それをもとに詳細な分析を行い，業務改善を行ってきた。その結果，例えば記帳代行業務においては，記帳の標準工数を 4 分の 1 にまで削減することができ，1 人当たりの処理件数も倍増した。

　業務改善の具体的な手法としては，業務改善の専任者を中心とした業務改善プロジェクトグループをつくり，想定工数より時間がかかっているところ，時間単価が低いところをピックアップして，資料回収の方法に問題がないか，記帳の方法が最適化されているか，担当が会計ソフトや記帳方法について理解しているか，決算申告業務に時間がかかりすぎていないか，顧客対応に想定以上の時間をかけていないか等を検討。問題が見つかれば，資料回収の方法を変更する，記帳の方法を変更する，社員の教育をする，報酬 UP のお願いをするなどといった解決策を検討し，問題解決を図るようにして

いる。

　こうした取組みのおかげで，残業時間の大幅な削減に成功。人の定着率が劇的に改善し，新規事業にも安心して人的リソースを投入できるようになってきた。

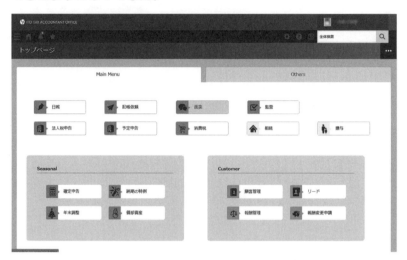

Ⅲ　DX の取組みにおいて工夫している点

1　まずは試す

　当事務所では数多くの SaaS を活用して業務を行っている。メジャーなものはひととおり試し，新しいツールも積極的に取り入れている。ほとんどのものは社員からの提案によるものであるが，事務所全体で業務改善の意識や改革へのチャレンジ精神を培ってきたこともあり，社員がやってみたいと言ってきたものは，採算度外視で一度は試すようにしている。

　とはいっても，SaaS は，サブスクリプションで定額制，導入費用もそれほどかからないものが多いので，試してみて合わなければ

やめればいいし，導入してうまくいかなかったツールからも得られる経験値は大きいと考えている。

2　特に有用な2つのSaaS

　ここで，当事務所で使っているSaaSの中から2つを紹介したい。

　Chatworkは，当事務所のSaaSの先駆けとなったもので，この導入の成功体験が，その後の多くのSaaSツールの導入へとつながった。

　主に二つの用途で活用している。一つは，顧問先とのコミュニケーションツールとしての活用で，顧問先とのメールを全て禁止にし，顧問先と担当のやり取りの見える化をすることができた。顧問先とのチャットグループには複数名が入り，担当者不在時の対応など柔軟にスピーディーに行っている。

　また，「顧問先×社会保険労務士事務所×当事務所」のようなグループを作り，助成金の進捗状況などを確認し決算予測に反映させる，といった運用も行っている。Chatworkの効果で，顧問先からの電話の件数が激減した。顧問先向けには，お知らせ専用のチャットも同時に開設し，特にコロナに関する補助金や融資などの情報をいち早く発信するのに役立った。もう一つの用途としては，所内でのコミュニケーションツールとしての用途である。業務の指示や依頼をするグループチャットのほかに，雑談のグループチャットなどもあり，社内のコミュニケーションの活性化や報連相に役立てている。

　テレワークを機に，マニュアルのクラウド化も進めた。そのために導入したのが手順書やマニュアルをブログ感覚で誰でも簡単に作れるtoasterteamである。マニュアルの閲覧数や作成数が見える化されてランキングに反映されるため，作ったマニュアルを多くの人に見てもらえて役に立てば，作った人も嬉しくなる仕組みである。

　隣の人や周りの人が困っていそうだったら，おせっかいなくらいに声をかけよう，助けてあげよう，という当事務所の文化に仕組みがマッチしていた。「SaaSは思想で選ぶべき」という言葉があるが，toasterteamとの出会いはまさにそれで，自社で育んでいきたいカルチャーそのものだった。

3　スモールスタートで始める

　まずは，少数精鋭メンバーでスタートし，大きく広げていくようにしている。その方が習熟のスピードが早いのと，人的リソースを確保しやすいからである。全体でスタートすると，精通した人間が社内にいないので事務所全体が迷子になる。SaaSベンダーや外部コンサルにその部分を委託する手法もあるが，自社の課題を一番認識しているのは社内の人間であるし，何より外部に委託すると社内の人間の当事者意識が失われる。

　業務の効率化に一番大切なのは，実際の恩恵を受けるであろう社員の当事者意識である。ただ，課題を抱えている現状でそのリソースを確保することは難しく，業務改善に対するモチベーションを保つことも困難。その部分をうまく解決してあげるのが，意思決定権を持つ経営者の仕事であると考えている。

Ⅳ　関与先へのDXの普及状況

　クラウド会計をはじめとしたクラウドシステムの導入は，顧問先とWin-Winの関係でなければうまくいかない。当初，「クラウド会計で経理業務が楽になりますよ」と業務効率化の側面だけを強調して顧問先への導入を進めたときに，社長のトップダウンで導入できることになったものの，経理の現場サイドからの抵抗でうまく進まなかったケースがあった。

「経理が楽になる」をゴールにしてしまうと，たとえ経理の人の会計に関する作業時間を削減できたとしても，「その空いた時間に新しい別の業務をやらされてたいへんなだけで，自分の業務は楽になっていない」という不満になりがちである。そこで，「月次決算の早期化」ということをゴールにして，例えば月次決算の完成が今まで翌々月だったものを翌月15日にする，という目標を明確に示すことで，社長と経理，税理士事務所の向いている方向が同じになり，現場サイドを含めて全面的に協力してもらえるようになった。月次決算の早期化がうまくいった顧問先には，将来数値の可視化を高付加価値サービスとして提案している。ここでは，Manageboardという財務クラウドシステムを活用して簡易キャッシュフローの作成や決算予測を行っている。Manageboardは，ITにそれほど強くない人でも簡単に作成できる手軽さがあり，研修や説明もせずに，気づいたら皆が使えるようになっていた。意外だったのは経験年数の浅い社員の方がしっかり使っていたこと。試算表さえあれば話を完結できるベテランと違って，わかりやすい表を使って説明できるこのようなシステムが，若手社員の経験不足を補う大きな武器になるということに気づかされた。

　クラウド会計を導入したら，顧問料の値下げ要求があるのではないかと心配する声をよく耳にするが，クラウドシステムの導入は，事務所の工数削減のためだけに行っているのではなく，数値の早期化のため，すなわち顧問先の経営に役立てるために行っているプラスαのサービスだと考えているため，逆に顧問料アップになるように業務設計している。

　実際に，当事務所では，この1，2年で，年間顧問料の平均額が約10万円増加した。報酬アップが実現したことで，スピードには大きな価値があるということを改めて認識した。さらに，クラウド会計で工数が減った分を高付加価値サービスに回すことで，顧問

先にとっても事務所にとっても社員にとっても，Win-Win-Win の関係を構築できる。

Ⅴ　今後の展望と課題

　当事務所では，創業以来，
・DocuWorks を活用したペーパーレス
・メールを廃止し，ChatWork を導入
・記帳代行業務の製販分離
・kintone による業務の一元管理
　と大きな業務改善を行ってきた。
　業務改善は外部のアドバイザーから助言をもらうことはあったが，自分たちで考えて，自分たちで手を動かしてやることにこだわって成し遂げてきた。当然のように，初期の業務生産性は著しく悪化し，運用が軌道にのるまでは，想定外のミスやトラブルも発生する。
　それでも自分たちでやることにこだわっているのは，業務改善とはあくまで自社の課題解決であり，真に改善すべきは，当たり前になってしまっている仕事の習慣だからである。
　自分たちの課題に真摯に向き合って，自分たちで解決してきた実績があるからこそ，新しいことにも自信を持って取り組むことができる。
　業務改善によって手に入れた一番の財産は，効率化された作業手順ではなく，日々の業務の在り方に疑問を持ち，常に改善を意識し，課題に当事者意識を持って立ち向かう，事務所としてのカルチャーである。
　今は DX の波が来ているが，テクノロジーの進化により，今後また新しい業務改善に取り組まなければならないときが必ず訪れる。

たとえどんな波が起こったとしても，このカルチャーさえ失わなければ，必ず乗り切れるだろうと確信している。

事務所プロフィール

① **事務所名**：伊藤会計事務所

② **所 在 地**：福岡県福岡市中央区薬院 3-16-26-5F

③ **設 立 年**：平成 20（2008）年

④ **所 員 数**：25 名（グループ会社含む）

⑤ **事務所の特色**

　顧問先の 100％黒字化を目指して、数値の早期化に取り組んでいる。10 年前から DX による業務改善を推進し、ペーパーレス、記帳代行業務の製販分離、クラウド会計の導入、kintone による業務一元管理などを実現してきた。また、社員が楽しく多様な形で働ける職場づくりのために、スーツの廃止、フレックス制度、テレワーク制度の導入に踏み切った。資金調達、税務相談、経理サポート、場所の提供（コワーキングスペース）など創業期に抱える問題を解決できるサービスも提供している。

⑥ **連 絡 先**

　メールアドレス　tax@ito-kaik.com

　電 話 番 号　092-532-0055

8

DX ×働きたい会社 No.1への取組み
＝スタッフが理想のライフスタイルを実現

税理士法人マッチポイント

❖**Point**❖ //

❶　当税理士法人のミッションは，「中小企業のライフスタイルを
デザインする」であり，そのためには，当税理士法人がまずは「働
きたい会社No.1」になる必要がある。DX への取組みはそのため
の手段である。

❷　DX 化の取組みに合わせ，さまざまな社内業務を見直し，効率
化を図ることが大切である。

❸　DX 化でスタッフのさまざまなライフスタイルを実現できる。

Ⅰ　「働きたい会社No.1」を本気で目指す

　マッチポイントは，理想の会計事務所を目指し，令和元年７月１
日に開業した税理士法人である。当初７名だったスタッフ数は，令
和３年８月時点で 31 名に成長。入社したときには DX の意味や読
み方を知らないスタッフもいたが，今では顧問先への DX の普及に
貢献している。これも，DX への取組み及び「働きたい会社No.1」

を本気で目指した結果である。

　当税理士法人のミッションは，「中小企業のライフスタイルをデザインする」である。クライアントである中小企業の税務会計面でのサポートに留まらず「どういう会社にしていきたいか」「組織をどう作っていくのか」など多岐にわたるアドバイスを行っている。そのためには，まずスタッフ一人ひとりのライフスタイルをデザインしようと「働きたい会社№1」「家族に働いてほしい会社№1」を目指し，さまざまな取組みを行っている。DXへの取組みはスタッフが理想のライフスタイルを実現するために必須と考えている。

Ⅱ　当税理士法人における DX の現況

1　社風づくり，社内コミュニケーションの方法

　まず，社内のコミュニケーションに関しては，すべてビジネスチャットツール「Chatwork」を導入している。

　関係者ごとにグループを作成し，グループ内で情報を共有していくという形でコミュニケーションを取ることで，リアルタイムで報告・連絡・相談が可能となった。顧問先1件につき通常チャットと鍵チャットの2つのチャットを作成している。お客様とのやりとりは通常チャットで行い，電話や直接話をした内容なども備忘録としてチャット上に残しておくこととした。チャットがそのまま上司への報告になり，社内の関係者への情報共有も同時にできるのが大きなメリットである。顧問先に関する作業内容や確認事項などは社内用の鍵チャットで行い，チャットに情報を一元化することで担当者が変わったり，関係者が追加になったりしても，過去のチャットを遡れば時系列で作業内容を追うことができる。

　次にZoomの活用である。オフィスの役割は，企業理念や文化

の醸成に非常に大きな役割を果たす。状況に応じて在宅ワークを導入しているものの，一人で仕事をしているとモチベーションが低下するだけでなく，社内の人とのコミュニケーションが取りづらい環境になりがちである。そこで，社内に大きなモニターを設置し，在宅で仕事をしている人は Zoom をつなぎ，いつでもコミュニケーションをとることのできる状態にしている。Zoom をつなぐことで，会社勤務と在宅勤務，それぞれの環境で働く人たちの一体感を出すほか，不明点がある場合，すぐに質問が可能となっている（写真①Zoom モニター）。

●写真① Zoom モニター

そして，マッチポイントカレッジ（関連会社であるマッチポイント株式会社で提供している税理士事務所向けの教育システム）の実施である。Chatwork は文字によるコミュニケーションであり，Zoom は画面越しのコミュニケーションであるため，これまでの対面よりもコミュニケーション能力がより重要視される。そこで，顧問先企業の社長に信頼される担当者になるため，コミュニケーション能力の向上を目的とし「マッチポイントカレッジ」という社員研修を実施している。会計・税務面に関する知識以外にも，コーチングや会議の進め方などについても研修に盛り込み，社外的にも社内

的にも役立てている。

　グループ会社のマッチポイント株式会社では，他の税理士事務所に向けて，これらのノウハウを含む，クラウドによる業務効率化などについてもコンサルテーションを提供している（写真②マッチポイントカレッジの様子）。

●写真②　マッチポイントカレッジの様子

2　バックオフィス業務のクラウド化

　会計システムは「マネーフォワード」の会計・請求書・経費精算・給与・勤怠管理の全システムを利用し，クラウド化している。すべてを利用することで，それぞれを連動して使えるというメリットがある。顧問先の中小企業へのクラウド環境導入については，社内に専任の導入担当者を配置し，2〜3か月かけて導入フォローをすることで対応している。

　全体をクラウド化する際，紙資料をどうするかが一番の問題となる。顧問先によっては，DX 化が進まず，紙媒体で資料をもらうことになる。そこで，ペーパレスへの取組みとして，「DocuWorks9（ドキュワークス9）」にて，すべての資料をデータ化している。

事務所の一区画に「この区画にのみ紙の資料は置かない」というスペースを作り，事務所に到着した書類は，すぐにスキャンし，1週間以内にお客様に返却というフローで，ペーパレス化に対応している。この取組みにより，実際の帳簿の記帳作業はすべてデータを見ながら入力することができるようになり，スキャン以外の業務はすべて在宅で可能となった。さらに，領収書データをアップロードするだけの自動記帳サービス「STREAMED」を活用することで領収書のチェック作業や仕訳入力の時間を短縮し，1時間当たりの仕訳数や，1人当たりの記帳担当先数増加という目標をクリアすることができた。

在宅ワークに伴い，「会社にかかってくる電話に対応するため出社が必要」ということをなくすため，電話もクラウド化している。実際，オフィスには固定電話が存在しない。「MOT/Phone（モットフォン）」というクラウドシステムを導入した。モットフォンの導入により，スマートフォンやパソコンでビジネスホンの機能（内線・保留・転送・代表番号発信など）を在宅ワーク中でも出社時と同様に利用できる。会社にかかってきた電話を，在宅ワーク中でも受信でき，取った電話を会社あるいは他の在宅ワーク中の人に取り次ぐことができる。勤務中は Zoom 画面を介してコミュニケーションが取れるため，在宅ワークか事務所勤務かに関係なくスムーズな電話対応を実現している。

3　営業活動のクラウド化

税理士業務は今まで対面での対応が主であった。しかし，新型コロナウイルス感染症の影響もあり，非対面による打合せを希望する顧問先が増加して，Zoom を利用した月次報告を多く実施するようになった。担当者1人当たり月 20 時間あった移動時間が短縮され，移動コストが大幅に削減されたほか，お客様との日程調整も容易に

なった。このように非対面による打合せが増えたことにより，業務効率が大幅に改善した。

　Chatwork を気軽に相談できるツールとしても活用している。顧問先は時間を気にすることなく，疑問が生じたときに税理士に質問・相談することができる。事務所においても複数名で顧問先を担当しているため，迅速かつ適切な対応が可能となった。

　DX 化が進み，非対面型の対応に対するハードルが下がることで，遠方の税理士事務所に顧問を依頼するケースが今後増加すると思われる。すなわち，DX 化に取り組む中小企業は，全国津々浦々同じ土俵で自社の経営ついて相談できる税理士事務所を選択することになる。そこで，完全オンライン対応サービス「税理士オンライン」をリリースした。現在，多くの中小企業から問い合わせがあり，道内では網走市や美幌町，道外では青森・仙台・東京・熊本・名古屋の中小企業が顧問先となっている。特に道外からの問合せは加速度的に増え続けているため，今後さらなる収益力アップに貢献すると思われる。

　他にもオンラインのメリットとして，顧問先との面談中に弁護士や司法書士など他の専門家に相談したい案件がある場合，Zoom と Chatwork を活用することで即時対応できることが挙げられる。協力体制を構築している他士業や専門家の皆様に，打合せ時に Zoom に途中参加いただくことで，迅速な問題解決につながっている。

Ⅲ　DX 化の取組みに合わせ，社内業務を効率化

　DX 化の取組みに合わせ，さまざまな社内業務を見直し，効率化を図っている。

　まず，社内で現金を扱うことを廃止した。顧問先からの現金回収

については自動引落しに一本化。従業員の日々の領収書精算は給与支払時に一括支払とした。クラウド経費により社員各自が登録した領収書は自動で仕訳化され，給与に連動されることとなる。従業員同士で飲食代を支払う際はスマホ決済アプリを利用し，キャッシュレスを実現している。

　請求書発行業務も廃止した。通常，税理士事務所の収入は月次顧問料，決算料，年末調整料と多岐にわたる。当税理士法人では収入を年額に統一しているため，毎月の収入変動がない。結果として，毎月の請求書金額の確認作業をする必要がなくなった。顧問先全件に自動引落しにご協力をいただいているため，突合作業が必要でなくなっただけでなく，売掛金の未回収先が大幅に減少することとなった。

　給与計算業務についても作業工程を大幅に削減している。勤怠管理は専用ページで出勤時間，退勤時間を各自で登録，経費精算は専用アプリから各自で登録することで，給与計算システムに連動させることが可能。勤怠管理・経費精算も出社せずに行うことができ，給与明細もWEB上で確認できるので，紙への出力は不要である。異なるシステムを利用している場合，集計に時間が掛かったり，転記作業の間違いがあったりしたが，クラウドに一本化することで時間短縮につながった。

　スケジュール管理は，会計事務所専用のクラウド型グループウェア「MyKomon」を使用している。クラウドでスケジュールを共有しているため，外出先からでも全員の行動が把握でき，日程調整も容易に行うことが可能となった。

　車両も廃止した。対面かつ訪問型の打合せが減少したため，車両の需要も減少。1台当たり3万円の駐車料金を支払い，車両を維持するよりも，必要に応じてレンタカーを借りる方が経済的であると判断した。

　社内の神机も廃止。紙書類がなくなることで，手元に書類を置いておく必要がなく，また文具類も必要ではなくなるため，神机自体が必要ではなくなった。フリーデスク制で座席は日替わりとしている。

　契約書は電子契約システム「CLOUDSIGN（クラウドサイン）」を利用している。顧問先との契約書だけでなく，社内の雇用契約書もすべてクラウド化している。

Ⅳ　DX 化で促進した「働きたい会社№ 1」 への取組み

　業務のクラウド化により，全員が在宅ワーク可能という勤務体系を実現した。税理士業界は，税理士法の問題は残るものの，仕事の内容，場所，時間など自分が働きやすい環境を作っていける業種であることがわかった。その一方で，どうしても年末から5月頃にかけて仕事が偏ってしまうという特性がある。どうすれば時節による業務過多を防げるかを考え，3か月ごとの完全フレックスタイム制を導入し，計画的な活用を促進している。

1月から3月…確定申告時期である2月1日から3月15日までの労働時間を多くして，それ以外の日の労働時間を少なくする。

4月から6月…3月決算法人の申告時期である5月の労働時間を多くして，それ以外の日の労働時間を少なくする。

10月から12月…年末調整業務のある12月の労働時間を多くして，それ以外の月の労働時間を少なくする。

　働く時間帯や時間数を朝5時から夜10時の間で各個人が自由に設定し，クラウド勤怠管理で3か月ごとの残り勤務時間を各個人で管理している。また，繁忙期には短期スタッフを導入し，既存スタッフの作業量を緩和するなどして対応している。

　人材確保にも積極的で，学生向けのインターンシップや学校での
セミナーも開催している。高齢化が進んでいる税理士業界の中で，
未来を担う若手人材を育てていくことも使命である。数多くの経営
者と接し，中小企業をサポートする税理士事務所の仕事の魅力ややり
りがいをどうしたら伝えることができるかを考え，各種イベントで
発信している。

　DXの推進により，業務を効率化して空いた時間は顧問先の決算
シミュレーションや，各自のスキルアップに費やす。ここに時間を
費やすことで，顧問先の信頼感や満足度のアップや仕事をする上で
の自信につながっていく。また，従業員はどのようなことにやりが
いを感じているのかを知るために定期的に1on1（個人面談）を
実施している。

Ⅴ　DX化で実現するスタッフの　ライフスタイル

　今までは事務所に出社し，一定時間働くことが常識であったが，
フレックスタイム制により時間の使い方が自由になった。これによ
り「夕方以降仕事が終わってから何をするか」という思考から，「何
時にどれくらい仕事をするか」という思考へと変化し，仕事を含め
た理想のライフスタイルの追求が可能となった。DXへの取組みに
より時間や場所の概念がなくなった結果生まれた当税理士法人の多
様な働き方の実例を紹介したい。

① 　社会保険労務士であるAさん（1日当たり標準勤務時間：6
　時間）

　　社会保険労務士事務所を個人で経営しているAさんは，当税
　理士法人と自分の事務所とで，働く場所をその日の予定次第で決
　めている。

② 子供を保育園に預けているＢさん（1日当たり標準勤務時間：6.5時間）

子供を保育園に預けたあと事務所で5時間働き，夕飯後1時間半を在宅で働く。

③ 税理士試験受験中であるＣさん（1日当たり標準勤務時間：8時間）

午前中を勉強時間にあて，社内で税理士試験の勉強をし，午後から働く。

④ 将来 IT 企業を設立するＤさん（1日当たり標準勤務時間：8時間）

IT 企業設立後も，1日当たりの標準勤務時間を8時間から6時間に減らし，働く予定である。

⑤ 夫が転勤族であるＥさん（1日当たりの標準勤務時間：8時間）

転勤後においても現在同様8時間勤務をする予定である。

⑥ 3年後に海外の大学院に入学予定のＦさん（1日当たりの標準勤務時間：8時間）

海外の大学院に在学中も当税理士法人のスタッフとして働く予定である。

Ⅵ 「働きたい会社No.1」を目指す理由

なぜ当税理士法人が「働きたい会社No.1」を目指すのか。それは，まずは自分たちが働きたい会社を作ることが従業員の意識を高め，顧問先へのサービス向上や，さらなる価値提供につながると考えているからである。

時代は平成から令和へと移り変わり，通信システムも4Gから5Gへと切り替わる。税理士業界にも時代の変革期が訪れている。柔軟性とスピードが求められるこの時代に，先人たちが築き上げて

きた礎をさらに磨き上げ，新しい時代の税理士事務所のあり方をデザインする。

　集団で行動するペンギンの群れの中から天敵がいるかもしれない海へ，最初に飛び込む勇敢な「ファーストペンギン」のように，リスクを恐れず5歩先を行く会計事務所として，私たちがDXを実践し普及していくことこそが時代の変化に負けない中小企業の経営を手助けできると信じてDXの海へ飛び込んでいきたい（写真③マスコットキャラクター）。

●写真③　マスコットキャラクター

事務所プロフィール

① **事務所名**：税理士法人マッチポイント
② **所 在 地**：北海道札幌市中央区北 1 条西 7-3-2
　　　　　　　北一条大和田ビル 2 階
③ **設 立 年**：令和元（2019）年
④ **所 員 数**：31 名（令和 3（2021）年 8 月末現在）
⑤ **事務所の特色**
　「中小企業のライフスタイルをデザインする」を Mission に掲げ、2019（令和元）年 7 月に設立。フレックスタイム制の導入及びクラウドシステムを活用し、いつどこにいても可能な仕事環境を構築。従業員自身が「働き方をデザイン」することが可能となった。アウトプット中心の教育システムを取り入れ、中小企業の税務会計だけではなく、企業の成長に資するアドバイスができる人財育成に積極的に取り組んでいる。
⑥ **連 絡 先**
　メールアドレス　info@matchpoints.or.jp
　電 話 番 号　0120-792-754

⑨

新社屋への移転を契機に
DX を一気に展開

税理士法人イワサキ

❖**Point**❖ //

❶ DX に取り組む上で一番大切なことは，トップの方針とともに，全社員に向けて「これからの時代は DX をやっていかなければならない」という社内風土をつくることである。

❷ 100 人規模の当グループにおいて，いかに情報を共有できるかという点が大切である。

❸ 社内への普及・教育活動を進めつつ，少しずつ DX の仕組みをつくっている。

❹ 社内展開には，地道な教育やサポートが不可欠であり，それは関与先に対しても同様である。

Ⅰ 当グループの DX への取組状況

1 組織内の情報共有を重要視

当グループは静岡県沼津市を本社とし，グループ全体で 100 人規模の組織である。拠点がグループ全体で 4 拠点，部署も 10 近くある。これだけの人数や業務がある中で，どれだけ情報を共有でき

るかという点を最も重要視している。

　かつては，社員同士のスケジュール調整も大変だった中，平成23（2011）年に現在のGoogleWorkspaceを導入した。今まで慣れていたメールシステムからの変更で説明会をボイコットされるぐらい反発が大きかったが，少しずつ活用の幅を広げ，今ではすっかり当事務所の業務に馴染んだものとなっている。カレンダーは全社員の予定を見ることができる。社員のスケジュール管理や会議室予約に欠かせないものとなり，全国を飛び回っている当グループ代表の吉川の予定も，秘書を通さずに空いている時間に直接入れることができる。この規模の会社で，社員が代表の予定をダイレクトに入れることができるのは凄いことだと周囲からもよく言われている。

2　オンラインでの社内研修

　コロナ禍においてオンラインでの社内研修もスタートし，アンケートにGoogleFormを使うという方法も一般化してきた。回答をExcelに転記して集計するという手間がいらず，いただいた回答から集計し全体をグラフ化までしてくれる。それを無料でも使うことができるのが，とても助かっている（当グループは有料のプランを使用している）。マーケターの神田昌典氏もお勧めするGoogleのサービスは簡単に取り入れることができるので，活用してみることをお薦めする。

3　資料のデータ化を完了

　決算書の控えなどのお客様の資料はかつては紙で保存していたが，倉庫や社屋のスペースを圧迫し続け，外部の貸倉庫を借りるまでになっていた。そういった資料を障害者雇用で雇った社員の方にデータ化していただき，過去の資料はほぼデータ化が完了した。そ

のことで，貸倉庫の契約を解除でき，また見たいものが探しやすくなった。

　社員で共有するデータは，かつては社内サーバにあったため，会社に出向かないと見ることができなかったが，クラウドストレージの Dropbox を導入したことで，利便性が格段に良くなった。今までは鞄に書類をパンパンに詰め込んでお客様先に出かけていたのが，スマホで確認できるようになったので，鞄が軽くなっただけでなく，データの漏洩や紛失のリスクも少なくなった。

4　全社員に iPhone を支給

　そのデータをいつでもどこでも見ることができるように，また電話やチャットでコミュニケーションを取れるようにするために，パートも含めた全社員に iPhone を支給した。このことで，社員間のコミュニケーションが良くなっただけでなく，お客様とのコミュニケーションもスムーズに取れるようになった。iPhone には内線の機能も付けているため，外出先でも会社にかかってきた電話を転送してもらうことができるし，担当者に直接電話をするお客様が増えたことで総務課の電話応対の工数もかなり少なくなった。

5　役員かつ税理士の立場からの普及活動

　当グループの税理士の一人は役員で，静岡事務所のトップとしてお客様の信頼も厚く，かつ，主婦でワークライフバランスも大切にしたいという中，限られた時間で最大限の効果を出すため，会計業務の効率化を進めてきた。そして，社内全体に普及活動を続けてきた。役員かつ税理士でもある立場からの普及活動は，既存のままでいいよね，という他の社員にも少しずつ影響を与え，今では多くの社員が取り組み始めている。

6　仕訳の自動化へ

「人が入力したほうが早い」ということも良く聞かれる話であるが，年間 10 人ずつ人が増え続けている現状では，新しく入った人と古参の社員とのレベル差が大きく，また，そのレベルまですぐに達することは難しい。単純作業については人を教育するよりも，例えば自動仕訳サービスの使い方を覚えて任せてしまったほうが一定のレベルでかつ早く作業ができるようになるため，自動仕訳も活用し始めている。

7　ノンコーディングのシステムを利用

バックオフィス業務では，かつては Excel のマクロを活用し効率化を図ってきた。現在も Excel 業務が少なからずあるためマクロも引き続き活躍しているが，今ではノンコーディングで使えてかつ便利なシステムもたくさんあるので，プログラミング経験のない方の場合は，そのようなシステムを使っていくことで効率化を図ることができる。

8　コロナ禍でも DX が生きる

今回のこのコロナ禍においては，これまで培ってきた DX 化の活動を生かすことができた。緊急事態宣言が発令されると同時にすぐにオンライン会議ツールやリモート操作サービスの使い方を社員全員に教育し，オンライン監査のやり方を全社員に展開した。一時期は多くのお客様でオンライン監査を実施したが，静岡県内は新型コロナウイルスの感染者数がそれほど多くないこともあり，現在は 8 割ぐらいのお客様のところには訪問するようになっている。それでも，遠方のお客様やあまり滞在時間がとれないお客様には現在も引き続きオンライン監査を行っており，業務の効率化につながってい

る。※執筆時点（2021年5月ごろ）

　オンラインで業務ができるようになってきたので，選択制在宅勤務の実施にも踏み切った。緊急事態宣言終了後も引き続き，希望する社員は在宅勤務が可能である。事業継続訓練の観点もあり，在宅勤務は禁止どころか推奨されており，1人1回以上は在宅勤務を経験することになった。今年からは在宅勤務手当を出すようにした。

9　オンラインでセミナーを開催

　当グループでは，主催のものだけで年間約50本のセミナーを開催しているが，そのセミナーも一部オンラインに切り替えた。iPhoneで撮影し，それを自前で編集している（現在は外部委託している）。ご高齢の方が多い相続のセミナーも，毎月，動画で配信することにした。会場でのセミナーしか経験がなかった社員は最初不安がっていたが，同業の方のYouTubeを見て話し方を研究していった。メールマガジンで配信しているが，お客様からメルマガに登録できないとか視聴の仕方がわからないなどの様々な問合せもあるが，「動画だから何度でも視聴できる」「途中で止めて確認できる」「会場に行かなくても相続の勉強ができる」など温かい感想をいただくことも多く，それが私たちの励みとなっている。

　ワーク等，不特定多数の接触が多い人材研修も有料でオンライン化した。当初は，オンラインの研修でビジネスが成り立つものかと危惧していたが，オンラインでもきちんと研修は成り立つのである。資料も講師の顔も近くに見えるし，ディスカッションも同じようにできる。オンラインならではの効果を確認し，一部セミナーの収益化に踏み切ったところ，遠方の方とのつながりが広がったという効果もあった。

　会計事務所向けの会社見学会も昨夏実施した。有料の見学会でオンライン飲み会も企画し，海産物が自慢の沼津に来ていただいたつ

もりになっていただきたく，地元の海産物を関与先から調達し，参加者全員に発送した。会計事務所のオンライン会社見学会も今では普通になったが，オンライン飲み会用に食材を送った事務所は他には聞かない。

10　採用活動もオンラインで

また，採用活動においても，緊急事態宣言後はすぐにオンライン対応に切り替え，集合を要するインターンシップのようなものは全てオンラインとした。昨夏ぐらいでは中小企業のインターンシップをオンラインで実施すると決めているところは少なかったので，他社からどうやってオンラインでやるのか問合せもいただいた。面接をオンラインにするかどうかは，静岡県内ではコロナウイルスがそれほど猛威を振るっていなかったこともあり，昨年も今年も本人の意思を尊重した形で実施した。

11　RPA の導入

少しずつではあるが，RPA の導入も進めている。平成 30(2018)年頃から RPA の動向に注目していたが，当時は高額なソフトばかりで諦めていた。ある時「EzRobot」の存在を知り，価格面や操作面が魅力で即導入した。自分のところでは RPA を作るほどの作業量がない，RPA を作る手間のほうがかかるというふうに考えがちであるが，実際作ってしまうと「あの仕事をしなくては」という心理的負担が大きく取り除かれる。確定申告のメッセージボックスの出力などは，すぐにでも RPA 化をお勧めする業務の一つである。100％満足する RPA の作り込みはなかなか難しいが，それでも 7,8 割できることで気持ちが楽になる。その効果はとても大きい。

Ⅱ　DX に取り組み始めたきっかけ

　DX に取り組み始めたきっかけは，当グループ代表の吉川が，長期間にわたる日本商工会議所青年部（日本 YEG）への出向が決まり，社内にいない時間が増えたことです。日本 YEG の委員長を務めた年，沼津で YEG の全国大会を開催した年，そして日本 YEG の会長となった今年の３年間は特に多忙を極めていた。年間で半分以上ホテル宿泊という状況の中，「社内に行かなくても仕事が回る仕組み」を模索し続けていた。

　平成 30（2018）年の新社屋への移転時のコンセプトとして「理念・クレドにマッチしたオフィス」「社員が働きやすいオフィス」「お客様に安心してもらえるオフィス」の三本柱を掲げ，地域の中小企業のお手本となる事務所を目指すこととした。それを実現するために，フリーアドレスの座席の導入や物理的スペースの効率化と併せて，DX 化を一気に進めていった。フリーアドレスとなったため，誰がどこにいるかわからないので内線電話を置くことはできないが，iPhone を全社員に導入することでそれを内線電話替わりとすることができた。また，会計事務所では会計ソフトと証憑等を見比べるため，ダブルモニターを使う人が多いが，これもスマートなデザインのものを共用で使っている。

　以前は書類を机に山積みにしていた社員も多くいたが，フリーアドレスになり，それもできなくなった。お客様の資料は自分の手元

ではなく共用の書類棚に収納するようにしたが，今までより紙の収納スペースが少なくなっている。データ化したり適宜整理をしていったりということを，月に一度の大掃除の日を中心にしており，そのおかげで「4S（整理・整頓・清掃・清潔）」の状態を保っている。

Ⅲ　DX の取組みにおいて工夫した点

　DX に取り組む上で一番大切なことは，トップの方針とともに，全社員に向けて「これからの時代は DX をやっていかなければならない」という社内風土をつくることが最も大切と考えている。

　幸い，当グループでは，トップが DX 推進に関して平成 30（2018）年から経営計画書でコミットを出していた。それでも人間というのは「現状が一番と感じる」「変わりたくない」「リスクを取りたくない」生き物である。特に，長年同じ業務をしてきてこれまで成果も出してきている社員にとっては，苦痛この上ないことだと思うが，先程も書いたとおり，年間 10 人ずつ社員が増え，ここ 5 年で入社した社員が 3 ～ 4 割を占める中では，業務が誰でもできるように最大限に平準化し効率化することが大切になる。当グループはおかげさ

まで地域での実績や知名度も高くなり，お断りしなければならない
ぐらいお声掛けいただく状況になっている。そのような中，1 件で
も多くのお客様を獲得し，そのお客様の課題に取り組む時間が増え
るよう，仕訳などの作業はできるだけ効率化・平準化することが大
切になると考える。

　当グループ代表の吉川や先に書いた税理士の存在もあり，社内で
DX を進めていこうという気運が高まってきたところである。

　また，DX を進めていくにあたり，DX に詳しい人の存在も不可
欠である。かねてから専属 SE が所属しており，また，中途採用し
た SE 経験のある社員等を中心としながら，社内への普及・教育活
動を進めつつ，少しずつ DX の仕組みをつくっている。社内展開に
は，社内への地道な教育やサポートが不可欠なのはもちろんである。

Ⅳ　関与先への DX の普及状況

　令和元（2019）年秋の「経営支援セミナー」で RPA をテーマ
に講演したことを皮切りに，令和 2（2020）年には「DX」とい
う言葉をいち早く取り入れ普及活動をしてきた。まずは社内研修
で DX の重要性を伝え，社外向けセミナーの題材にもしてきた。業
務効率化を題材としたセミナーを開催したところ，多くのお客様が
様々な課題を抱えていることがわかった。そういったお客様が少し
でも楽になるように，様々な視点から提案をしている。会計事務
所はお客様の業務を一番わかっている立場にある。また，特定のサー
ビスを売る必要がないため，お客様にとって最適なサービスを提案
できるという点で，会計事務所が DX に取り組むことの優位性を感
じている。

　令和 3（2021）年 7 月には，静岡県東部地域の中小企業をターゲッ
トとした「DX 祭り」を開催した。会場とオンラインの同時開催を

実現，どちらも多くの参加者に楽しんでいただけた。中小企業を元気にしたいという思いで5年ほど前から「売上アップ祭り」を共催で開催してきたが，共催社の IT 企業も DX を推進していく立場であることで思いが一致し，今年は「DX 祭り」という形で開催することになった。「DX ってなんのこと？」，「なにから手をつけたら良いかわからない」といった方を対象に，DX の大切さやどこから取り組めば良いかが伝わるイベントになってほしいという思いで開催した。

　この1年，「DX，DX」と言い続けているが，とはいえ，お客様を見渡すと，銀行口座のオンライン化に拒否反応を示す方もまだまだいるのが現状である。当グループの監査担当者の中にもその手続の方法がわかる社員がわずかで，正直，現時点ではまだまだ進んでいるとは言い難い状況である。しかし，DX 担当者が地道にお客様先に伺い，銀行口座と会計システムの連携や証憑のクラウド化，その他連携できるところのセッティングなどを進め，お客様・当グループ社員の双方にとって業務が楽になる仕組みを構築していきたいと考えている。

Ⅴ　今後の展望と課題

　まずは，社内に対して DX を推進していく上で，人という面では現在は進めやすくなっていると感じている。一方で，部署が多く，様々な部署で長年にわたりローカルルールでいろいろな管理をしているため，それを共有していくことが難しく感じている。部署としてここを効率化したいという要望が挙がるようにもなってきているので，会計事務所としての閑散期に一気に進めていきたい。DX を本格的に進めていくと「繁忙期」という概念が少なくなっていくのであろう。そうなるように少しずつ近づいていけると良いと考えて

いる。

　社外に対しては，顧客満足度を上げるためのサービスの1つとして，これから積極的に事業展開していく。優遇税制や補助金，助成金のように様々な支援措置が出てきているので，情報収集をしつつ，国の制度を最大限に活用していきたい。

　対外的に「セミナーをオンライン開催しています」とか「DXやっています」「RPAやっています」とか言い続けていることもあり，最近では，「DXやテレワークに詳しい（前向きな取組みをしている）イワサキ経営」ということで各方面からお声をかけていただけるようになっている。DXの進化はより速くなっている。お客様や社内にも最適な提案ができるよう，これからも「ワクワクする未来」を考えながら情報収集や学びを続けていきたい。

事務所プロフィール

① **事務所名**：税理士法人イワサキ
② **所 在 地**：静岡県沼津市大岡 984-1
③ **設 立 年**：昭和 48（1973）年
④ **所 員 数**：グループ全体で 106 名（令和 3（2021）年 6 月現在）
⑤ **事務所の特色**

　静岡県沼津市にグループの本社を構え、創業以来、相続や経営計画の立案など業界に先駆けた取組みを次々と行ってきた。現在はグループ全体では税務会計から相続、FP コンサルティング、マーケティング、人材研修、DX 支援など経営者の課題をワンストップで解決できる体制となっている。また、元 SE など IT に詳しい社員を中心に、社内の効率化・共有化も現在鋭意進行中。税理士法人としては沼津市内や静岡市内にも拠点がある。

⑥ **連 絡 先**

電話番号　055-922-9228

お問合せは下記のイワサキ経営グループのホームページから
お願いします。
https://www.tax-iwasaki.com/

10

DXにより分業と
製販分離体制を構築，
人材配置の最適化を図る

セブンセンス税理士法人

❖Point❖ //

❶ 【DXの準備】IT専任担当を採用して，専属で業務のデジタル
化を進めた。

❷ 【紙のDX】ペーパーストックレスを徹底して，物理的な紙を
無くした。

❸ 【パソコンのDX】シンクライアントシステムを導入して，場
所にとらわれない業務環境を構築した。

❹ 【業務のDX】業務の分業・製販分離を進めて，人員の再配置
を行い専属業務の種類を増やした。

❺ 【顧問先のDX】顧問先のDXを推進して，新しい価値を創造
していく。

　本稿では，東京・千葉・静岡・鳥取・沖縄の5都県，6拠点を展
開するセブンセンス税理士法人を有するセブンセンスグループの事
例を紹介する。

Ⅰ　セブンセンスグループ

　セブンセンスグループは，セブンセンス税理士法人を中心に，セブンセンス社会保険労務士法人，セブンセンス行政書士法人，セブンセンス株式会社等，複数の会社を有し顧問先にワンストップでサービスを提供できる体制を構築している士業グループである。

　グループの社員総数は 20 名にのぼり，会計税務・資産税・補助金・助成金・保険・人事労務・BPO・IT システム等の業務について専任の人員を配置している。

　セブンセンスグループでは 15 年前から業務のデジタル化を進め，属人化しやすい士業の業務を，分業と製販分離体制を構築して効率化と人材配置の最適化を推し進めてきた。

　また，業務のデジタル化を進めたことで，場所に依存しない業務環境が構築でき，拠点展開を積極的に行うことができるようになったのである。

Ⅱ　IT 専任担当の存在

　業務のデジタル化を進めるに当たり，まず IT 専任者を採用した。会計事務所が大規模化していくに当たり，必要なのは IT 専任者の存在である。IT 専任者は事務所全体のデータ共有の効率化やクラウドツールの導入などを通じて，多人数や多拠点で働いていく上での業務支援に強い力を及ぼした。IT 専任者は所内サポートのために拠点ごとに置き，事務所内の DX を推進していくことができる体制を組んでいった。

　セブンセンスでは，IT 専任者を採用した際，彼らの業務が空いているように見えても，会計業務の補助をさせる等，今までの職員と同じ業務を行うことは一切せずに，自由な発想でまずはシステム

的なアプローチで事務所の業務をどうしたらよいかを考えさせた。もちろん彼らは会計の知識がない状態からのスタートだったため，周りの職員に会計業務を聞きながら会計の知識をつけていった。面白いことに，彼らは例えば科目の貸借を理解するときに，「プラスする項目とマイナスする項目」といった具合に，自分たちの得意な考え方に置き換え理解していった。そういった彼ら独特の感性を否定することなく自由にさせることで，従来の会計事務所の職員だけでは思いつかなかったアイデアを提案させることに成功したのである。

　IT 専任者はともすると周りからは「何をやっているかわからない」と思われることが多かったが，仕事の役割が違うことを全社で共有することで，互いの業務ペースが違うように見えても，繁忙期が違うのはあたりまえという認識も生まれ，次第に所内に業務の違いを受け入れる風土が醸成できた。

Ⅲ　ペーパーストックレスから始める

　セブンセンスグループでは，まずは紙を中心とした業務を改善するため，ペーパーストックレスを積極的に進めていった。

　ペーパーストックレスとは，「物理的な紙で保管しない，物理的な紙で資料を授受しない」ことをいう。紙を使わないことを「ペーパーレス」ということもあるが，ペーパーレスは「紙を使わない」ことを指し，例えば請求書を紙や電子の紙である PDF や Docu-Works 形式に出力するのではなく，クラウドの請求書システム上で相手に送り相手も同じシステム上で確認して処理をするような形を「ペーパーレス」と呼んでいる。セブンセンスではペーパーレスではなく，電子の紙に出力をして授受や保管を行う【ペーパーストックレス】を徹底的に進めたのである。

　セブンセンスのペーパーストックレスは，富士ゼロックス（現：富士フイルムビジネスイノーベーションジャパン）のDocuWorksを利用し，物理的な紙を印刷することをやめ，電子の紙（DocuWorks）に印刷をすることから始めた。同時に，コピーすることをやめ，コピーの代わりにスキャンすることで紙の資料を電子の紙にすることも行った。

　そうすることで，今までは作業の確認用に印刷していた紙や所内保管用に印刷していた紙が無くなったため，顧問先に渡す紙だけを物理的に印刷するようになり，印刷枚数は半分以下に減り，裏紙という概念もなくなっていった。

　電子の紙でも，書類を束ねたり付箋を貼ったりハンコを押したりすることが可能なため，紙でできることと同じことはデジタルで行うことができるのである。

　机の上を回していた書類は，個人ごとの名前の共有フォルダーを作ることで，電子の机に見立てて回すように変化した。カゴに入れてまとめて回していた試算表等の顧問先への納品物の決裁書類は，決裁用の共有フォルダーを作り決裁者がフォルダーを見に行くことで確認できるように変化した。顧問先から預かった資料も，コピーの代わりにスキャンしてすぐに返却できるようになり，保管場所も減っていったのである。

　このように従来，物理的な紙で行ってきた業務フローを変えることなく，印刷することとコピーすることを電子の紙に置き換えただけで，ペーパーストックレス化は簡単に進めることができたのである。この電子化に要した期間はたったの2か月だった。

　一度，電子の紙で業務をすることに慣れてしまえば，印刷するといえば「DocuWorksに印刷すること」になるし，資料を回すと言えば「電子の机の上で回覧する」という風に，職員の意識も変化し，デジタル化をしたことで企業風土ともいえるマインドが変化したの

である。

Ⅳ　シンクライアントシステムで業務環境をクラウドに

　ペーパーストックレスで物理的な紙を持ち歩く必要はなくなったが，顧問先へ訪問する際には各職員に貸与しているノートパソコンに共有サーバーからデータをコピーして持ち出しを行っていた。これではパソコンを紛失した際に情報流出の危険もあり，データをコピーするため，どの情報が最新なのかがわからなくなってしまう懸念があった。

　そのため次にシンクライアントシステムという仕組みを導入して，どこでも安全に同じ情報を扱える環境を構築した。

　「シンクライアント」とは必要最低限の機能を備えたクライアント端末のことをいう。ここでの「必要最低限」とは，ネットワークに接続できてキーボードとマウスが使えて画面に表示できる機能のことである。実際の業務を行うアプリケーションやデータは，サーバーにすべてあり，サーバーのパソコンを遠隔操作することで業務を行うのである。

　「SaaS（サース）」と呼ばれる，ソフトウエアをクラウドで提供するサービスがある。これは例えば会計ソフトだけをクラウド化してネットワークがつながればどこからでも会計ソフトが使えるサービスだが，シンクライアントシステムの場合はパソコンそのものをクラウドサービスとして使えるイメージとなる。そのため，今までパソコンで行ってきたすべての作業をどこからでも行える環境が構築できる。

　ここでも重要となるのはペーパーストックレスである。ただ，シンクライアントシステムだけを導入しても，物理的な紙の資料が手

元にないと業務ができない，という状況を招くことになる。ペーパーストックレスを行っていたことで，どこからでも資料を見ながら社内と同じ環境で業務ができるようになったのである。

　また，シンクライアントを導入したメリットは，顧問先訪問時に社内と同じ環境で安全に業務ができるようになっただけではなく，拠点展開も容易にできるようになったこともある。ネットワークさえつながればどこでも同じ仕事ができる環境であるため，日本全国どこであっても同じ環境の事務所を開設できるようになった。これにより，営業がしやすい地域に拠点を展開したり，人を採用しやすい地域に拠点を展開したりする等，地域を越えて業務を行える体制が構築できた。

Ⅴ　分業と製販分離

　紙を DX 化し，パソコンを DX 化した次は，業務の DX 化に取り組んだ。

　まずは全職員が行っている月次業務フローを顧問先ごとに書き出させて，業務フローの種類をまとめることからスタートした。調査の結果，大きくは 3 種類の月次業務フローがあることが分かり，その 3 種類をベースに業務工程を分解することを行った。

　分解した月次業務フローの一例は次のとおりである。

① 資料回収

② 資料整理（前さばき）

③ スキャン

④ 入力

⑤ チェック・修正

⑥ 社内監査

⑦ 納品物の作成

⑧　訪問・報告

　上記のように，従来一人で行っていた業務を工程に分解することで，どの工程で作業する人を分けることが可能かを検討できるようになった。

　分解した業務の管理は，トヨタのカンバン方式を参考に，流れ作業で行えるように進捗管理の仕組みを用意した。ここでも役に立ったのがペーパーストックレスである。工程が記載されているカンバンを電子の紙で用意をし，作業が終わったら検印を押し，次の工程の人に電子の紙のカンバンが回っていくのである。ペーパーストックレスとシンクライアントシステムを使っているため，拠点をまたがった作業も可能であり，各工程の得意な人員を地域を越えて最適に配置することができるようになったのである。また，各自が行う業務を特定の工程に集中することで，業務効率と精度が上がり，結果として従来よりも少ない人数で同量の業務を行うことが可能になった。

　分業により業務効率を上げることができたが，分業による弊害も存在した。

　1つ目の弊害は，分業にしたことで全体の工程を把握している職員が減ったことが挙げられる。分業を始めた当初は，今まですべての工程を一人でやってきた職員を各工程に分散させたので，後工程でどんな業務を行うか分かっている人が前工程を行うことができた。そのため非常に上手く分業が進んでいた。

　しかし，前工程に新しく人が入ってくるようになると，後工程で行われる業務を知らないため，雰囲気を読んで業務を行うことはできなくなった。その結果，後工程の人が前工程の品質が落ちたように感じ，分担以上の作業を行うようになってしまったのである。重複した業務が発生し，効率が低下してしまったのだ。分業では工程ごとで品質を担保することがとても重要なため，これは非常に大き

な問題となった。そこで各工程で行う作業に，処理する顧問先ごとの手順書をクラウドチェックリスト「アニー」を導入して対応することにした。また，各工程のチェックにもAIによるチェックシステム「財務維新」等を導入して，人の経験によらない一定のチェックを行うようにした。そうすることで，従来は個々人の能力や経験に頼っていた各工程の業務を一定の品質にすることができたのである。

　2つ目の弊害は，分業により個人ごとの業務評価の指標を新しく作らなければならなくなったことが挙げられる。従来は，担当先の顧問料を業務評価の指標にすることが可能だったが，ひとつの顧問先の業務を分解した結果，顧問料の積上げでは評価ができなくなってしまったのである。そこで新たに業務量で評価する指標を導入した。まず，管理表をクラウドツールの「kintone」を使い，業務の管理表をクラウド化した。その管理表の情報を基に各自の行った業務件数をリアルタイムに集計して表示することで，各自の業務量を見える化し職員のモチベーションにするとともに，工程と業務の難易度に応じたポイントを付与することで，業務量を定量化して評価の指標としたのだ。

　分業により業務効率が上がり社内業務に割く人数を抑えることができるようになったため，顧問先へより付加価値の高いサービスを提供するため，訪問に特化した専任担当，資産税に特化した専任担当，人事労務に特化した専任担当等，専門の特化担当の人員を増やすことが可能となった。こうして，顧問先と接触して売上を上げる専門特化の担当が「販売」に，社内で分業による業務に特化した担当が「製造」にと役割を分けることができ，製販分離体制が完成したのである。

Ⅶ　DX コンサル機能の必要性

　所内の DX 化が進み，現在は顧問先の DX 推進を強化している。デジタルがビジネスの源泉となる時代を中小企業が生き残るためにはデジタル化は必須であるが，中小企業が DX を進めるためには，経営の一番の相談相手となる会計事務所の協力が必要不可欠であると考えている。特に投資が必要な IT の整備は，数字を見ることができる会計事務所が適切なアドバイスをすることが重要である。

　また，セブンセンスでは早期から IT 専任者を採用したことで，顧問先への DX コンサルティングを行える体制を整えることができた。所内と同じで，ペーパーストックレス化することを中心に顧問先の DX を進めることで，顧問先の利益に貢献するだけでなく，会計事務所側もデータの授受や蓄積が容易となり，業務効率や提供サービスをより一層向上させることが可能となる。

　さらに，顧問先にマーケティングのコンサルティングを広げていくためにも，DX 化が役に立っている。従来は会計データを基にした経営計画を策定するのみにとどまっていたサービスを，クラウドサービスや IoT 機器を活用し，今まで収集できていなかったデータの収集ができるように定型パートナーと支援を行い，従来とは違う角度からのマーケティング情報の提供が可能となってきている。

Ⅷ　大規模事務所の課題

　会計事務所の大規模化にはいくつかハードルがあるといわれる。一般的な会社でも 30 人の壁や 50 人の壁といわれるが，会計事務所も同様の壁がある。特に会計事務所は独立しやすい業種であり従業員が定着しないことから大規模化しづらいといわれている。

　会計事務所が大規模化していく上では，会計経験者の大量採用は

もちろんのこと，会計事務所未経験者の入所も増加し人が増えたのに業務が進まないといったマネジメントに課題が生まれる。また，大規模事務所になるに当たり，M&A や新規拠点の開設などを通じて，複数拠点で展開することが多く，情報やデータ共有にも課題が生まれる。

　そういった課題を解決するためにも早期に事務所の DX 化を進めておき，事業を拡大する準備を進めておくことが重要となる。

事務所プロフィール

① **事務所名**：セブンセンス税理士法人（セブンセンスグループ）

② **所 在 地**：静岡県静岡市駿河区池田 3875-92

③ **設 立 年**：昭和 45（1970）年創業

　　※事務所の創業年です。

　　※平成 15（2003）年にアイクス税理士法人に商号変更

　　※令和元（2019）年にセブンセンス税理士法人に商号変更

④ **所 員 数**：179 人（セブンセンスグループ）

⑤ **事務所の特色**

　　創業 51 年。全国 10 か所のオフィスに税理士、社会保険労務士、行政書士など多くの有資格者と IT 専任者が在籍する日本有数の大規模士業グループです。信頼と実績を重ね、現在は 2,500社超のお客様をサポートしています。特に IT・システムの分野において突出した実績をもち、顧問先をはじめ全国の士業事務所へもサポートを行っています。

⑥ **連 絡 先**

　　メールアドレス　info@seventh-sense.co.jp

　　電 話 番 号　03-4455-7877

展望
DX 税理士事務所

DX 税理士事務所の将来と その課題

中小企業 DX 推進研究会

❖**Point**❖ //

❶ デジタルネイティブ事務所が今後拡大していくことが予想される。

❷ 既存事務所は業務データと顧客データの価値を認識する必要がある。

❸ デジタル人材を獲得する努力を惜しんではいけない。

❹ 市場の変化に柔軟に対応できる事務所こそ DX 税理士事務所である。

Ⅰ　デジタルディスラプターは誰か？

　これまで見てきたように，事務所ごとに DX を推進するうえで目指しているゴールは異なる。しかし，どの事務所も現在の業務体制やビジネスモデルに危機感を持ち，デジタルによって新たな形を模索していることは共通している。ここで，１つの問題提起をしたいと思う。本書の冒頭の「DX で変わる税理士事務所とその方向性」でも述べたが，既存の税理士事務所においてのビジネスモデルでは，いくつかの経営上のリスクが存在する。しかしながら，現時点でそのリスクが顕在化していないので，大きな変革など必要ないのではないかと考える人もいるだろう。このようなリスクはどのような形でやってくるのだろうか？

　DX の必要性を語るうえでよく引き合いに出されるのがデジタルディスラプター（既存の業界の秩序やビジネスモデルを ICT 等を駆使して破壊するプレイヤー）の存在だ。AI やクラウドといった技術を携えたベンチャー・スタートアップの存在が，既存産業において破壊的なスピードでシェアを奪ってしまうことが，DX の重要性を示す根拠の一つとなっている。税理士業界におけるこのデジタルディスラプターの存在とはどのようなものなのだろうか。まず，最初に思いつくのが，AI やクラウドによる記帳業務を効率化する仕組みを提供する SaaS ベンダーの存在だろう。

　確かに彼らの提供するサービスが税理士業界に与える影響は大きいが，彼らの提供しているのはあくまでもツールであり，税理士にとって直接的に競合になるものではない。むしろその技術は税理士にとってプラスになるものであり，そのサービスに助けられている事務所も多いはずだ。彼らは，税理士業界の直接的な破壊者とはなり得ないのではないかと考える。むしろ，既存事務所にとって影響が大きいのは，彼らのような SaaS ベンダーのサービスを最も効率よく利用でき，これまでとは異なるビジネスモデルを築くような存在，なのではないかと思うのである。

1　デジタルネイティブ事務所とそのビジネスモデル

　AI やクラウドを駆使し，従来の事務所とは全く異なるビジネスモデルを構築している新進気鋭の事務所を本稿では，「デジタルネイティブ事務所」と呼びたいと思う。このような事務所は少しずつではあるが，その存在感を増してきている。一般的には開業したての若い税理士事務所が多いのが特徴で，パソコンやスマートフォンといった IT を学生時代から日常的に使用してきている。彼らにとってみれば IT を使うことは生活の一部であり，それを前提として物事を考えることが当たり前である。彼らはこれまでの事務所のやり

方とは全く違うやり方で拡大を進めている。

その一例を紹介しよう。

■1 法人税・所得税申告の考え方

まず，デジタルネイティブ事務所にとっては，法人税や所得税申告はメインの事業ではなく，マーケティングの一部である。彼らはここでの収益をビジネスの中心においておらず，あくまでも集客のためのフックツールと考えているのだ。これは，税理士業界のデフレモデルをよく理解しているといって良い。

現時点で開業する事務所は，これまでの事務所と同じことをしていてもビジネスが成り立たないことをよく理解しているので，はじめから同じ土俵で戦おうとは思っていないのだ。このため，一般的な事務所では考えられないような低料金でこれらの業務を請け負う。当然，この収益を重要視していないとはいえ，普通にこの部分の業務を行っては自身の身がもたない。そこでITツールを最大限まで活用し，圧倒的に業務を効率化している。

例えば，訪問による記帳指導などは行わず，チャットなどを駆使してすべて完結させてしまう。原始証憑のチェックなども，顧問先がスマートフォンでアップロードしたものを確認したり，そもそも売上の記帳などは紙などを使わず，直接売上データを取り込むことで完結させたりしてしまう。

このようにして，極力税務にかかる時間を削減しているのだ。このような話をすると，「では，紙でしかやりとりができないような顧問先はどうするのか？」という疑問がわいてくるだろう。彼らにとってみればこのような顧客ははじめから自身のビジネスの対象とはしていない。あくまでも，自分たちのやり方で対応できる顧客だけを選んで仕事をしているのだ。

② 高付加価値業務だけが生き残る道ではない

それでは，デジタルネイティブ事務所はどのようなサービスでビジネスを回しているのだろうか。一般的な事務所からすると，税務以外では経営計画策定や認定支援機関業務，M&A 等のコンサルティングを中心としたサービスを次なる事業に見据えている事務所が多い。しかし，そのようなビジネスには大手の事務所も参入していて小規模な事務所では高いスキルや経験を持っていない限り，なかなか太刀打ちができない。しかし，顧客の財務データを持っている税理士であれば，その情報を元に提供できるサービスはいくらでもある。

創業間もない顧問先で，キャッシュフローに問題があるのであれば，資金調達を支援したりもできるし，経費節減のための様々な外部サービスを紹介し，紹介フィーを獲得したりすることもできるだろう。また，時間のない経営者に代わり，Web サイトなどのデジタルマーケティングに関する支援をアライアンスを組んだ業者とともに提供することも可能だ。

税理士というポジションは，事業者側からすれば自社の経営状態を一番良く把握している第三者であり，税務・財務にかかわらず，企業の経営に対する影響力は非常に大きい。デジタルネイティブ事務所はそれをよく理解しており，税理士という肩書きを最大限に利用できるような戦略をとっているのである。

③ 税理士事務所の選定基準

デジタルネイティブ事務所が今後躍進する可能性を持っているのはそれだけではない。それは中小企業のニーズが変化していくことも大きな要因となる。人の消費行動をプロセスとしてモデル化したもので AIDMA というフレームワークがあるが，インターネットが普及した現在では AISAS（2つの「S」は Search：検索・情報収

集と Share：共有）というフレームワークに変化してきているという話は聞いたことがあると思う。この概念は平成 17（2005）年頃に提唱されたものだが，令和 3（2021）年の現在ではスマートフォンの普及もあり，その傾向はさらに進んでいる。

　税理士事務所も，これまでは紹介を中心とした形で拡大をする事務所が多かったと思うが，現在ではインターネットで検索をして税理士を選ぶというのは当たり前となっている。特に，これから創業をする企業や，事業承継によって世代交代した企業では，ネット検索をしないという選択肢はほとんど考えられないだろう。また，かつては税理士の仕事の中で，訪問監査の際に経営相談にのるというのは当たり前であった。現在ではチャットなどのネット上のコミュニケーションさえとれれば，税理士が全国のどこに住んでいようが関係ないと考える経営者は少なくない。特に，コロナ禍以降，Web ミーティングは一気に普及し，ほとんどのことがオンラインのコミュニケーションで完結するようになった。このようなコミュニケーションになれた経営者たちは，税理士とのコミュニケーションであっても同じようにオンラインで十分と考えるようになるだろう。

　今後，税理士選択の地理的な条件は，ほとんど考慮されなくなり，より一層税務に対するコスト競争は厳しくなるはずだ。デジタルネイティブ事務所はそのような中でも全くマイナスの影響を受けず，むしろそれを追い風として躍進していく可能性を秘めている。

2　デジタルネイティブ事務所の拡大

　それでは，このようなデジタルネイティブ事務所によって税理士事務所の勢力図はどのように変化していくのだろうか。図表－1は現在の税理士の規模別に顧客セグメントをどのようにカバーしているかを表したものになっている。現在のデジタルネイティブ事務所

は個人事業主や創業間もない企業，ITリテラシーの高い若い世代が経営をしている企業等が顧客の中心となっているはずだ。

　このため，現在の状況でいえば，このような事務所のシェアは相対的には大きくはない。しかし，10年後の状況はどうだろうか。現在このような事務所は急速に拡大をしてきており，同じようなビジネスモデルの事務所が後発として次々と現われるだろう。また，中小企業も今よりもさらにネットで税理士を選ぶ傾向が高まるはずだ。

●図表－1　デジタルネイティブ事務所の現在の位置づけ

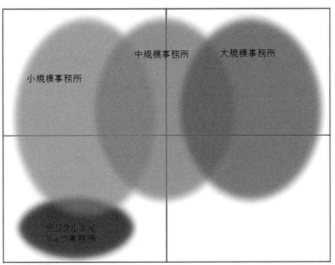

●図表－2　デジタルネイティブ事務所の 10 年後の位置づけ

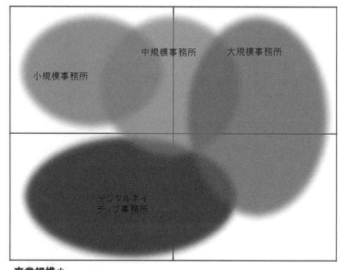

古い

小規模事務所　中規模事務所　大規模事務所

デジタルネイ
ティブ事務所

新しい

事業規模小　　　　　　　　　　　　　　　　　　事業規模大

　そうなると現在，主に小規模事務所がカバーしている小〜中規模の企業が大きくデジタルネイティブ事務所に流れ込むことが予想される。中規模事務所としても，そのような層を抱えているので，何もしなければ徐々にデジタルネイティブ事務所にシェアを奪われるだろう（図表－2参照）。生産性に問題のある事務所の基本戦略としてよくあるのが，高単価な顧客を維持し，低単価な顧客を受け入れないという戦略だ。

　一見するとこの戦略は正しいように見える。しかし，本当に考えなければいけないのは，顧客ごとの生産性だ。高単価な顧客であっても投入しているコストが見合っていなければその顧客は決して優良な顧客ではない。低単価な顧客であっても，投入しているコストに対して上げられる収益が十分あれば優良な顧客であるといえる。この判断を間違ってしまうと，真に優良な顧客を簡単にデジタルネ

イティブ事務所に奪われてしまう結果となる。

Ⅱ　税理士事務所におけるデータ活用の課題

　このような結果とならないように，既存の税理士事務所が取り組むべきことは何だろうか。これは本特集の冒頭の「DX で変わる税理士事務所とその方向性」でも述べたように，まずは既存業務の改革，とりわけ「業務プロセスの再構築」が有効だ。前述のとおり，生産性向上のためには全体最適化の視点が必要なのだが，この進捗を確認するためには，現状の生産性がどれだけなのかを測定できている必要がある。

　これが分からない状態であると，どこに問題があるのかを把握して対処するための策を打つことはできないし，システムの導入効果を検証することもできない。測定できないものは改善することができないのだ。逆にいえば，このプロセスを定量的な数値によって測定することさえできれば，生産性そのものを管理することができる。

　これは顧問先 1 件ごとの生産性についても同じことがいえる。そして，顧問先別の生産性が明確になっていれば，その顧問先を残すのか切り捨てるのかという判断の指標になるし，改善が必要な要素を見つけ出すための分析にも利用することができる。

● 業務プロセスの構築

　税理士事務所の業界で，業務プロセス構築といえば製販分離の概念が有名だ。月次業務を製造業の工程管理にならって分割し，工程ごとに担当者を割り当てることで，間接時間の削減や担当者の習熟によって生産性を向上させるという考え方だ。直近のトレンドといえばマーケティングオートメーションの導入による営業・マーケティング部門のプロセス構築の仕組みが福田康隆著『THE MODEL』

（翔泳社）で提示され，多くの SaaS ベンダーで取り入れられている。業務プロセス管理の考え方自体は，日本よりも欧米企業で多く取り入れられており，DX の文脈で語られているジョブ型雇用の促進なども，この業務プロセスの構築によるマネジメントが定着している欧米だからこそ実現できている雇用形態であると考えている。

■ プ ロ セ ス を 管 理 す る た め の デ ー タ

　このプロセスの各工程で得られるデータこそが，生産性向上のために非常に重要なのであるが，このようなデータを回収するための効率的な IT ツールを採用することも重要である。会計事務所で使われている業務管理ツールはいくつかある。MyKomon, kintone, Flow などが有名だが，進捗管理や情報共有を目的としていることが多く，このようなツールに蓄積されているデータを戦略的に活用できている事務所は少ない。

　生産性向上に有効なデータは各工程別の作業時間や，プロセス完了（納品）までの期間，担当者別の処理件数などが挙げられる。このようなデータを元に必要な分析を行うのだが，前述したような顧問先ごとの生産性を分析したければ「月額顧問料／作業工数」で時間当たりの報酬を割り出すのが良いだろう。一定以上の時間単価を保持できていなければ改善を行うなど，優先順位をつけて対応することができるようになる。

　これ以外にも，システムや業務改善の取組みによる効果がどれほどのものであったかを検証したり，担当者の能力の向上の度合いを確認したりと，いろいろな方向性でこれらのデータは活用することができる。よく，PDCA を行ううえで重要なのは「C」と「A」だといわれるが，この C（Check）を定量的な指標を元に実施できないために失敗しているケースが多いのではないだろうか。このようなデータを恒常的に取得して PDCA サイクルを構築することに

より，業務改革を確実に進めることができる。

② 顧問先企業のデータ

　さて，既存の税理士事務所が着目したいもう一つのデータがある。それは顧問先のもつデータである。こちらも前述したとおり，デジタルネイティブな事務所はこのデータの価値をよく理解している。これらのデータを単に税務処理を行うために必要なデータと考えるのは宝の山をみすみす見逃しているようなものだ。

③ 財務データと非財務データ

　財務データはいうまでもなく，税理士が持つデータの中でも最も価値があるデータだ。顧客の財務状態を分析し，月次の資料として提供することはどこの事務所でもやっている。だが，そこからどこまでのことが見えてくるだろうか？

　変動損益計算書などから，「売上はこれだけ必要ですね」ということを指摘することができたとしても，それではその売上を増やすために一体何をすれば良いのかは会計データからは読み取れない。そこで着目してもらいたいのが顧客の持つ非財務データである。例えば，売上を増やすために営業の訪問件数を増やすことを経営者が考えたとする。この施策が有効であるかどうかを検証するためには，過去の訪問件数と売上額の相関性を検証すればよい。

　もし，その企業の日報データなどから営業の訪問件数を取得することができれば検証は容易だろう。経営計画を策定するうえでも，根拠のある計画を作ろうと思うのであれば，このような財務データと非財務データを分析するアプローチは有効なはずだ。より顧客価値の高いサービスを提供しようと思うのであれば，このようなデータにも着目すべきだろう。税理士事務所ではこのようなデータを分析したり，加工したりすること自体は得意なはずなので，顧客の持

つデータから新たな価値を創出する取組みをぜひ研究してもらいたい。

Ⅲ　人材面における課題

　DX を推進するうえでは，上記のような「データの持つ価値」を正しく認識することが重要になるだろう。これまでの税理士の仕事を一言でいえば極限までコモディティ化された製品を提供する情報加工産業だといえる。顧客から預かったデータを定型のデータに正しく加工すること，つまり証憑類や帳簿から申告書に正しく「変換」することが大きな仕事だったため，税理士事務所からすれば，データそのものに価値はなく，それらを加工するという「労力」に価値があると考えてきた。

　このため，目の前のデータからどんなことが読み取れるのかという能力に長けている人材は多くない。DX 税理士事務所を目指すのであれば，このような能力のある人材を獲得し，変革の中心に置くことが必要だ。また，中規模以上の事務所であれば，事務所全体のDX 戦略を策定し，プロジェクトを推進するための人材も必要だろう。ただでさえ人手が足りない事務所において，このような人材を獲得することは容易ではないが，既存のメンバーの育成も視野に入れて，DX 推進のためのリソースを確保する取組みは行うべきだ。

Ⅳ　DX 税理士事務所を目指すにあたって

　これまでの事例や解説を読んで DX 税理士事務所に対してどのようなイメージを持たれただろうか。ペーパレスで業務を行ったり，AI をフル活用したりと，とても先進的な事務所像をイメージした方も多いのではないだろうか。

　しかし，それよりも大事なのは，変化する環境に対応できるだけ
の柔軟性を持つことだ。令和2 (2020) 年に経産省が発表した「DX
レポート2」では従来から続く，柔軟性に乏しい企業文化を「レガ
シー企業文化」と名付け，DX によってレガシー企業文化を変革す
ることが重要であることを示している。現在のあなたの事務所運営
で，もし明日，デジタルディスラプターが現れたとして太刀打ちで
きるだろうか？

　もし自信を持って「できる」と答えられたのであれば，そのとき
こそが DX が実現した証だろう。DX という言葉に踊らされず，今
自分の事務所にできることを，固定観念を持たずに考え続けてほし
い。

事例から学ぶ　これならできる！
DX税理士事務所

令和 3 年10月12日　第 1 刷発行
令和 4 年12月21日　第 4 刷発行

編　者　月刊「税理」編集局

発　行　株式会社 ぎょうせい

〒136-8575　東京都江東区新木場 1 - 18 - 11
URL：https://gyosei.jp

フリーコール　0120 - 953 - 431
ぎょうせい　お問い合わせ　検索　https://gyosei.jp/inquiry/

〈検印省略〉

印刷　ぎょうせいデジタル㈱　　　　　　　　　　©2021　Printed inJapan
※乱丁・落丁本はお取り替えいたします
ISBN978 - 4 - 324 - 11056 - 0
(5108748 - 00 - 000)
〔略号：DX事務所〕